Elke Sarnowski

Traumland Expedition

Reisetagebuch einer Frau, die
nach Thailand auswandern will

Teil 2

BoD, Norderstedt

Bibliografische Information der Deutschen Nationalbibliothek

Die Deutsche Nationalbibliothek verzeichnet diese Publikation in der Deutschen Nationalbibliografie; detaillierte bibliografische Daten sind im Internet über http://dnb.dnb.de abrufbar.

1. Auflage, Teil 2

© 2016 Elke Sarnowski

Alle Rechte vorbehalten

Homepage: www.sarnowskis.de

Bildmaterial und Text: Elke Sarnowski, Berlin
Layout, Bildbearbeitung und Grafiken: Stefanie Sarnowski, Schönefeld
Herstellung und Verlag: BoD – Books on Demand, Norderstedt

ISBN 978-3-7412-9465-5

Die Autorin übernimmt für Vollständigkeit und Richtigkeit im Einzelfall keine Garantie.

Inhaltsverzeichnis

1 Bangkok

Von Berlin nach Bangkok 7

2 Khanom

Kleiner Zwischenstop 11

3 Kho Phangan

Von Khanom mit der Fähre zur Insel 14
Guten Morgen Kho Phangan 20
Auto mieten 23
Der Horrortrip 26
Skype und die Insel 29
Und die Zeit verfliegt 31

4 Festland

Zurück nach Khanom 32

5 Udon Thani

Und weiter gehts 35
Erste Nacht in Udon Thani 38
Nong Khai Markt 39
Seidenmarkt 40
Auf dem Roller durch Udon 41
Einen Ausflug planen 42
Artefakt Museum 43
Essen bei Freunden 45
Chinesisches Neujahrsfest 46
Fest ohne Feier 48
Zocken auf der Pferderennbahn 49
Busfahrkarte nach Chiang Mai 51
Geburtstagsgast 52
Letzter Abend 53

6 Chiang Mai

Abschied und Aufbruch	54
Bummeltour durch die Stadt	61
Motorradausflug	63
Bettelmönche im „Birdnest"	64
Ein Tag mit Peer	67
Ausflug zum Doi Suthep	70
Mit dem Roller durch die Stadt	78
Baang Chang Elefant Park	79
Rundtour durch die Berge	86
Queen Sirikit Flower Park	89
Mit Peer Richtung Phrao	93
Baden am Wasserfall	95
Im Café mit Fabienne	96
Ein Käffchen im Birdnest	97
Rollertour	99
Eine sehr alte Tempelanlage	103
Zusammenfassung der letzten Tage	105
Fazit	114
Nachwort	118

„Erfahrung ist eine Laterne im Rücken. Sie beleuchtet immer nur das Stück des Weges, was wir bereits hinter uns haben." Konfutius

05. Januar 2013 – Von Berlin nach Bangkok

Der 05. Januar 2013 war für mich bereits seit geraumer Zeit ein bedeutsames und, je näher es kam, auch ein aufregendes Datum. An diesem Tag startete ich meine **zweite Thailandrundreise**. Dieses mal für *drei ganze Monate*.

Abgesehen von bekanntem wird mich meine Reise auch in unbekannte Gebiete führen. Beginnen wir mit dem bewussten Abreisetag, der aufregender werden sollte, als mir lieb war.

Pünktlich, zwei Stunden vor Abflug, fanden sich meine Tochter Steffi, meine Freundin Gabi und natürlich ich auf dem Terminal 13 bei meiner **Fluggesellschaft** *Royal Jordanian Airlines*, auf dem **Flughafen Berlin Tegel**, ein. Es hatte sich bereits eine erstaunlich lange Schlange an den Schaltern gebildet und die Abflugzeit, 14:40 Uhr, leuchtete auf dem Display über dem Terminal.

Ich hatte zum ersten Mal ein sogenanntes E-Ticket über das Internet gebucht und ausgedruckt, und mit dieser Fluggesellschaft wollte ich zum ersten Mal fliegen. Deshalb begab ich mich an den Ticketschalter der Airline in der Annahme, dass man mir ein „richtiges" Flugticket ausstellen würde. Zum einen bekam ich kein anderes Ticket und zum anderen erfuhr ich, dass die Maschine, die bereits eine Stunde später abfliegen sollte, noch gar nicht in **Amman** gestartet war.

Was das zu bedeuten hatte erkannte ich sofort. Ganz einfach, von Amman bis nach Tegel brauchte der Flieger geschlagene sechs Stunden. Von der Bereitstellung der Maschine nach ihrer Landung mal ganz abgesehen. Schließlich flog die nicht leer hin und her, was bedeutete, Passagiere raus, Maschine tanken, reinigen, mit Lebensmittel und Getränke auffüllen und dem Sicherheitscheck, auf den ich auch unbedingt vor unserem Abflug bestanden hätte.

1 Von Berlin nach Bangkok

Um die ganze leidige Sache zusammen zu fassen:
Wir starteten kurz vor 21:00 Uhr. Ich gehörte nun wirklich nicht zu den Menschen, die der Meinung waren, dass es keine Pannen geben dürfte und alles immer perfekt ablaufen musste. Besonders bei so einem komplexen Ding, wie einem Flugzeug, musste natürlich die Sicherheit vor allem stehen. Was sich allerdings diese Fluggesellschaft erlaubte spottete jeder Beschreibung.

Nicht nur das ihr eigenes Personal keine Ahnung hatte was eigentlich los war, wieso und warum die Maschine nicht kam, nein, bis zum Abflug gegen 21:00 Uhr stand auf dem Display des Abflugschalters immer noch die eigentliche Abflugzeit und den Passagieren wurde nichts, aber auch gar nichts, gesagt. Der ganzen Absurdität wurde dann auch noch die Krone aufgesetzt, in dem ein zehn Euro Voucher ausgegeben wurde von dem wir uns bei irgend einem Restaurant auf dem Airport ein Mittagessen gönnen sollten. Welch ein Hohn, wenn man bedenkt, dass man mit diesen zehn Euro in einem Flughafenrestaurant kaum die Getränke zu dem Mahl bezahlen könnte.

Zum Glück wohnte meine Freundin Gabi gerade einmal eine Busstation vom Flughafen entfernt. Der wirklich sehr nette Herr am Ticketschalter bedeutete mir, dass es ausreichend sei, wenn ich gegen 18:30 Uhr am Airport erscheinen würde. Dieses Angebot nahm ich dann auch an.

Ein Vorteil hatte dieses Chaos allerdings. Wäre ich pünktlich abgeflogen hätte ich Stunden auf dem **Flughafen** *Amman* zu bringen müssen, bevor meine **Anschlussmaschine nach Bangkok** Abflug bereit gewesen wäre. So kamen wir in **Jordanien** an und mussten uns beeilen um zu der bereits wartenden Maschine zu sprinten.

Auch da gab es dann noch einen Fauxpas, der mich endgültig davon überzeugte – ***Royal Jardanian****, ein Mal und nie wieder*.

Der Pilot informierte die bereits anwesenden Passagiere, dass es nun endlich los gehen könne, da ja nun auch endlich die Berliner eingetroffen wären. Darauf hin wurden wir von allen Anwesenden mit missmutigen Blicken gestraft. Die Crew war auch nicht das gelbe vom Ei. Freundlichkeit war ihnen scheinbar viel zu anstrengend.

Nun aber genug über den Chaosflug. Ich landete immerhin mit nur einer halben Stunde Verspätung in **Bangkok**, was mir nichts ausmachte. Der **Bus**, den ich vom **südlichen Busterminal** aus nach **Khanom**, meinem ersten Ziel dieser Reise, nehmen musste, startete erst um 20:00 Uhr Ortszeit. Ich konnte noch eine Prepaid Karte für mein

Ankunft in Bangkok

Handy kaufen und zum ersten Mal mit der **Cityline** für ganz kleines Geld nach **Bangkok** hinein fahren. Bei dieser Gelegenheit lernte ich schon die ersten netten Leute kennen, denen ich sogar helfen konnte die richtige Verbindung zu ihrem Hotel zu finden.
Meine Tipps für eine entspannte Sightseeingtour, mit der Schwebebahn und den Booten auf dem Fluss durch Bangkok, fanden sie besonders hilfreich.
Bei der Unterhaltung mit dem Herren aus Genf musste ich feststellen, das sich meine Englischkenntnisse bereits wieder auf das nötigste reduziert hatten. Unsere Wege trennten sich so schnell, wie sie zusammen fanden. Sie nahmen die **Skytrain** und ich ein Taxi zum Busterminal.

Für etwaige **Besucher Thailands**, und da *speziell* **Bangkok**, die meine Geschichte lesen sollten, möchte ich mich hier mal für ganz spezielle Taxidriver stark machen, für *ältere Chinesen*.
Mir war es zum wiederholten Male aufgefallen, dass diese Fahrer wirklich ihr Handwerk verstanden. Trotz der meist sehr schlechten bis gar keinen Englischkenntnisse nahmen sie immer die schnellst zu befahrene Strecke, was in Bangkok schier an ein Wunder grenzte und verfahren hatte sich bei mir auch noch keiner.

Nun zu dem **Busterminal**.
Zu erst konnte ich das Einkaufscenter nicht als solches erkennen, was jedoch mit Hilfe der immer freundlichen Menschen um einen herum schnell erledigt war.
Man ging zu einem Ticketschalter, die Routen wurden immer über den jeweiligen Schaltern angezeigt, auch in lateinischer Schrift. Ich kaufte das Ticket und bekam alle relevanten Infos von recht gut englisch sprechendem Personal mitgeteilt. Mein **Nachtbus** fuhr von der **Plattform 45** um 20:00 Uhr ab. Der Bus war eine Mischung aus Flugzeug in der Business Class, mit breiten Liegesitzen und Karnevalls Geck. An den Scheiben hingen gefaltete bunte Gardinen mit Bommeln am Saum. Einfach putzig.
Man hatte einen Steward der noch vor der Abfahrt an alle Passagiere einen kleinen Imbiss, Wasser und Decken verteilte. Die Decke sollte man auch unbedingt nehmen, denn die Klimaanlage im Bus erinnerte an Sibirien. Man konnte natürlich, auch wie im Flieger, die Düsen einfach zu machen, dann war es zu ertragen. Leider bekam man kein Kissen und ich ärgerte mich bereits schon wieder darüber, das ich mir immer noch kein Reisekissen angeschafft hatte.

Mit dem Nachtbus von Bangkok gleich weiter nach Khanom

Man könnte auch einfach eins im Flieger mit gehen lassen – *natürlich aus versehen!*

Die Busfahrt sollte zehn Stunden dauern.
Diese Tatsache löste bei mir keine Begeisterungsrufe aus, da ich weder im Flugzeug, noch im Bus wirklich schlafen konnte.

Wie beneidete ich die jungen Thailänder, die schon fest schliefen als der Bus gerade mal vom Terminal weg war und erst wieder aufwachten, als wir nach fünf Stunden Fahrt eine Essenspause von zwanzig Minuten einlegten, die im Preis enthalten war.

Wir kamen zu einem an der Straße gelegenen **Foodstore**, wie es viele an den Fernstrecken im ganzen Land gab. Normaler Weise kannte ich diese Lokalitäten als sehr einfache Gaststätten mit schmackhaften Spezialitäten aus den unterschiedlichsten Regionen des Landes.

Was den Komfort anbelangte konnte man eigentlich nicht viel erwarten, doch dieses Mal waren die Tische geradezu festlich eingedeckt. In der Mitte des Tisches stand eine drehbare Glasscheibe, auf der die ganzen Köstlichkeiten aufgetafelt wurden. Jeder Gast, am jeweiligen Tisch, bediente sich in dem er die Scheibe rotieren ließ.

Vor dem Gast stand eine Schale mit köstlichem Reis, der eine etwas andere Konsistenz aufwies als man es im Allgemeinen gewohnt war. Der Koch hatte ihn wässeriger gelassen und dadurch schmeckte er auch ohne Zutaten wunderbar. Die zwanzig Minuten Pause reichten aus um in Ruhe zu essen, weil eben schon alles bereit stand.

Eines hätte ich beinahe vergessen, was ich sehr schade finden würde um es nicht zu erwähnen. Auf unserer Fahrt durch die Nacht erblickte ich mit Lichtern geschmückte Straßenzüge, Häuser, Tempel, Bäume und Sträucher. Auf den Mittelstreifen der Fahrbahnen schimmerte es wie ein Feuerwerk an Farben, durch tausende von bunten Lichterketten. Der neueste Song von Rhianna *„Shining bright like a Diamant"* passte besonders gut zu diesem Anblick.

Wir erleben das in Deutschland jedes Jahr aufs neue vor der Weihnachtszeit. Dieses Lichtermeer hätte den verrücktesten Häusleschmücker vor Neid erblassen lassen.

Ganz besonders glitzernd stellte sich die Stadt **Hua Hin** dar. Einfach entzückend, trotz der Fülle nicht erschlagend, weil alles irgendwie seinen Platz hatte und auf die Umgebung abgestimmt war.

In Berlin denke ich oftmals: *Nicht schön dafür viel!*

Ein Kompliment gilt auch den beiden Busfahrern. Absolute Profis, ich fühlte mich zu jeder Zeit sicher, trotz des doch zeitweilig rasanten Tempos.

07. Januar 2013 – Zwischenstop in Khanom

Punkt 7:00 Uhr war ich in **Khanom**. Die Sonne ging gerade auf. Leider ist das Filmen aus einem fahrenden Gegenstand, mit meiner kleinen Handycam, nicht wirklich erfreulich. Probieren musste ich es trotzdem. Schließlich standen mir für die Bearbeitung meiner Film und Fotoaufnahmen zwei Profis zur Verfügung: meine Tochter für die Fotos und die Tochter meiner Freundin Maren für die Videos.
Ha, geht es mir nicht gut? Mein Kind ist Mediengestalterin und Nadja ist Tonmeisterin mit weiterführender Ausbildungen und Erfahrung im Video- und Filmgeschäft. Beide hatten mir bereits ihre fachmännische Hilfe für die Ausarbeitung meiner **Reiseberichtsprojekte** zugesichert.

Wer jetzt etwa glaubte nun hätte ich alle Unwägbarkeiten überwunden, dem sei versichert, dass er sich in einem Irrtum befand. Ich hatte wirklich geglaubt meine Reise akribisch vorbereitet zu haben, was sich leider als Fehleinschätzung zu erweisen schien. An alles dachte ich, nur nicht mir die Telefonnummer meines Ressorts zu notieren.

Strand in Khanom

Khanom City

Ausgesetzt in einer kleinen Stadt, in der kaum jemand ein Wort englisch verstand, geschweige denn sprach. Doch irgend wie war ich ein Glücksschwein. Der Bus setzte mich vor einem kleinen Geschäft ab dessen Inhaberin das Ressort kannte und sogar die Telefonnummer in ihrem Handy gespeichert hatte.

Für **300 Bath**, die ich gerne zahlte, fuhr sie mich mit Ihrem Privatwagen zum Ressort. Der Weg dort hin hätte mich zu Fuß wahrscheinlich umgebracht. Wir fuhren sehr zügig und dennoch fast zwanzig Minuten. Mutter Sonne brutzelte bereits um 8:00 Uhr früh unbarmherzig vom Himmel, ein Hitzschlag wäre mir sicher gewesen.

Nach meiner Ankunft saß ich in dem gemütlichen, mit Reisenden gefülltem Restaurant und schrieb den Anfang meiner Geschichte.

Den Einstieg in mein Urlaubsfeeling bescherte mir eine **Thaimassage**, deren Ergebnis einfach überwältigend war. Seit Monaten schmerzte mein Nacken. Durch die geschickten und professionellen Hände der Masseurin erholte er sich auf wundersame Weise.

Meine erste Mahlzeit bestand aus einer **Tom Sun Gung**. Dabei handelt es sich um eine scharfe Hühnersuppe vom Feinsten, *spicy* aber super köstlich. Es herrschte eine wundervoll entspannte Atmosphäre und es duftet nach frisch gebrutzelten Speisen und Knoffi.

Zwischenstop in Khanom 2

Um 21:00 Uhr Ortszeit wollte ich zum ersten Mal mit meinem Kind skypen, so die Breitbandverbindung es zulassen würde. Bisher zeigte sie sich nicht von ihrer funktionalen Seite. Nun ja, ich hatte noch ein wenig Zeit, die Hoffnung stirbt bekanntlich zum Schluss.

Leider hatte sich die Verbindung zum Netz nicht aktivieren lassen und so kam nur das Handy zum Einsatz um mit meiner Tochter zu kommunizieren. Wir sind so verblieben, dass ich versuchen werde auf der Insel den Zugang zu Skype immer zeitlich so zu aktivieren, dass es bei mir auf jeden Fall noch taghell war.

Mit dem Laptop wollte ich versuchen die Umgebung für sie sichtbar zu machen. Am nächsten Morgen, nach dem Frühstück, sollte mich der hauseigene Fahrer zur **Fähre** nach **Don Sak** bringen.

Thailändische „Krabbeltiere" - Spezialität am Buffet

> *„Wem Der Himmel helfen will, dem hilft er durch die Liebe."*
> Laotse

08. Januar 2013 – Von Khanom nach Kho Phangan

Ich schlief wie ein Baby und wachte sogar ohne Wecker um viertel vor sieben auf. Von der Straße war nicht das Geringste zu hören, jedenfalls hörte *ich* rein gar nichts.
Die Sonne blinzelte durch mein Fenster. Ich hatte den Vorhang nicht ganz zugezogen, das weckte mich. Wie lange das schon her war, seit mich die Sonne weckte? Irgendwann hatten wir in Berlin auch mal Sommer, war das noch in diesem Jahrhundert?

Der Kellner vom Abend war schon wieder im Einsatz und damit beschäftigt, die Tische für das Frühstück vor zu bereiten. Ich wollte ihn dabei nicht stören und machte einen kurzen aber sehr anstrengenden **Spaziergang am Meer**. Der Sand war sehr weich und man sackte bis zu den Köcheln ein. Das kostete Kondition, von der ich vorerst leider noch nicht viel besaß.
Immerhin schmeckte das Frühstück nach der Bewegung in frischer Luft besonders gut. Ich hatte frisch gebrühten Kaffee, Rühreier mit Tomaten und Zwiebeln, einen Bananen-Pancake sowie einen frischen Wassermelonensaft.
Gestärkt und bewaffnet mit meinem Gepäck wollte ich gerade das Zimmer verlassen, als es an meiner Tür klopfte. Zwei hilfreiche Geister kümmerten sich um mein diverses Gepäck. Der Fahrer stand auch schon bereit. Ich bezahlte meine Rechnungen und vergaß die sehr umsichtigen Geister natürlich auch nicht. Beim Abschied machte mir die Chefin noch ein nettes Kompliment.
Sie sagte: *„Wir freuen uns schon sehr Sie in zehn Tagen wieder zu sehen. Sie sind so ein netter, freundlicher und immer lachender Gast."*
Ich freute mich natürlich sehr über diese Worte.
Die Autofahrt dauerte eine knappe halbe Stunde. Als wir an der **Fährstation** ankamen wurde gerade die Fähre entladen.

Mit der Fähre nach Kho Phangan

Aus dem dicken Bauch des Schiffes ergoss sich eine endlose Schlange an Autos, LKW´s und Busse, dazu jede Menge Passagiere.
Man konnte nicht gerade behaupten, das diese **Fähre** zu den modernsten Schiffen gehörte, doch ich hatte trotzdem keine Angst unterwegs ein Futter für die Fische zu werden.
Kurz vor zehn Uhr konnte ich dann mit all den anderen Seefahrern und einer beachtlichen Anzahl von Fahrzeugen an Bord gehen.

Als ich die Hühnerleiter sah die ich erklimmen musste um auf das Passagierdeck zu gelangen überlegte ich noch, wie ich wohl meinen großen Koffer da hinauf bugsieren sollte. Bevor ich einen Plan hatte, schnappte sich ein weiterer hilfreicher Geist, der wie aus dem Nichts auftauchte, meinen Koffer und ehe ich es mich versah saß ich auf dem hinteren Teil der **Fähre** im Schatten.

Das Schiff legte pünktlich ab und es kam auch langsam eine kleine Brise auf, die es erträglicher machte unter dem Plastikdach zu sitzen. Als sie ein gutes Stück vom Festland entfernt war nahm sie richtig Fahrt auf. Wir sollten 2 ½ Stunden unterwegs sein. Die Passagiere waren sehr unterschiedlich.

Da waren Backpacker, Kofferträger, Männer, die sich ihre Koffer von ihren Frauen schleppen ließen, mit Hut bedeckte Moslems und ihren Gebetsteppichen unter dem Arm, und *last but not least*, ein richtiger Hippie mit langen blonden Locken der unermüdlich an seinen bunten Taschen strickte. Abkühlung konnte jeder der sie brauchte in einem klimatisierten Bereich in der Mitte des Decks bekommen.

Die Toiletten waren sauber. Manch eine Europäerin wollte trotzdem nicht rauf gehen, weil es **typische Stehtoiletten** waren. Mich störte es nicht sonderlich, vor allem, weil ich diese WC´s bereits aus anderen asiatischen Ländern kannte. Ich hatte dabei einige Örtlichkeiten gesehen, die ich nur im äußersten Notfall betreten hatte. Die an Bord waren dagegen *luxuriös*.

Die zweieinhalb Stunden vergingen recht schnell.
Wir passierten zu erst **Kho Samuii** und ein paar Minuten später kam schon **Kho Phangan** in Sicht.
Die Entfernung einzuschätzen fiel einer Landratte wie mir nicht besonders leicht. Es dauerte noch eine Stunde bis wir anlegten. Meine anfängliche Euphorie beim Anblick eines Fahrstuhls auf dem Oberdeck verflog nach der Erkenntnis: *theoretisch vorhanden, praktisch außer Betrieb*. Der Koffer musste schließlich über die vorhandene Hühnerleiter wieder nach unten.

3 Mit der Fähre nach Kho Phangan

Ich entschloss mich daher zuerst den Koffer und dann erst meine Taschen runter zu schleppen. Gesagt getan.
Allerdings war ich nicht der einzige Passagier der das Oberdeck verlassen musste und mein Laptop stand unbeaufsichtigt an der Treppe. Mir war nicht wohl bei dem Gedanken. Und dann kam *er*, der Hippie. Er sah die beiden Sachen und mich, wie ich krampfhaft versuchte wieder nach oben zu gelangen.
Er fragte ob das meine Sachen seien und nachdem ich diese Frage bejahte brachte er sie mir nach unten. Er wollte mir sogar meinen Koffer an Land tragen. Das brauchte er nicht, weil die Crew bereits eine *„Koffergangway"* eingerichtet hatte und ich ihn problemlos an Land ziehen konnte. Welch unverhoffte Hilfsbereitschaft - wie nett!

Am Pier sah ich einen Mann, der ein Schild hoch über seinen Kopf hielt, auf dem mein Name stand. Nachdem er feststellte, dass ich sein einziger Fahrgast sein würde, hielt sich seine Begeisterung darüber in Grenzen. Dies tat er auch mit einer Tirade von thailändischen Worten kund, von denen ich zwar kein einziges Wort verstehen konnte, doch mir war klar, dass er schon wusste, das es für ihn kein gutes Geschäft werden würde.
Pro Person waren nur **200 Bath** zu zahlen. Immerhin warf er meinen Koffer auf die Ladefläche seines Pickup und überließ es mir den Rest und mich selber über die Rampe zu hieven, die gefühlte zwanzig Meter über dem Boden lag. Ich war mir nicht sicher ob die folgende Strecke gefahren werden musste oder ob der Fahrer es aus Bosheit tat. **Die Straße** verdiente diesen Namen auf keinen Fall. Ein Schlagloch jagte das nächste und dabei fuhr er eine Geschwindigkeit, die mich an ein Formel-1-Rennen erinnerte. Zu allem Übel befand sich auch noch ein volles Fass Benzin auf der Ladefläche, das durch das Gerüttel und Gehopse langsam undicht wurde. Es stank bestialisch nach Sprit.

Ich klopfte an die Rückscheibe woraufhin er zwar anhielt, aber das Fass nur wieder nach vorn an die Einstiegsklappe rückte und weiter fuhr.
Neben ihm im Wagen saß eine junge Frau mit ihrem Baby. Als sie ein paar Minuten später ausstieg wurde auch das leckende Fass abgeladen. Die Gefahr in die Luft zu fliegen war nun gebannt.

Am Ressort angekommen bezahlte ich ihm die **200 Baht** und keinen Pfennig mehr. Ich war sonst immer großzügig mit Trinkgeld doch bei diesem Typen hätte ich, wäre ich der thailändischen Sprache mächtig gewesen, eher noch Geld verlangt für diese Horrortour.

Ankunft im Beachressort 3

Alle nachfolgenden Eindrücke entschädigten mich auf wundersame Weise. Die Anlage war mit einem einzigen Wort zu beschreiben: *wunderschön*. Sie lag an einer weiten Bucht mit Puderzucker weichem Sand, das Meer sah traumhaft aus und mein kleiner Bungalow hatte alles, was man für das Leben brauchte.

Er bestand aus einem kleinen, aber gemütlichen Zimmer mit einem voll gefliesten Duschbad einer richtigen Dusche mit Vorhang sowie Waschbecken und Toilette. Über meinem Bett hing ein Moskitonetz. Kühlung versprach eine Klimaanlage und noch ein extra Ventilator. Als Stauraum diente ein kleines Regal an der Wand. Das es keinen Kleiderschrank gab, störte mich überhaupt nicht.

An der Wand gegenüber des Bettes war eine Art Seilzug befestigt worden, der über mehrere Sprossen verfügte, über die man seine Sachen hängen konnte.

Die Betreiber des Ressorts waren freundliche, gut englisch sprechende, **Thais** mit einer Speisekarte, die keinen Wunsch offen lies. Mein erstes Mittagessen bestand aus einer frisch geöffneten Kokosnuss und meinem geliebten Papaya Salat. *Ich war selig.*

Vom Chef des **Beachressorts** erhielt ich eine Karte, auf der alle relevanten Infos verzeichnet waren.

Nach einem zehn- bis fühnzehnminütlichen Strandspaziergang erreichte man ein kleines Dorf. Dort befanden sich **ATM Automaten** um Geld zu ziehen, Vermieter von Motorrollern, diverse Geschäfte und Restaurants. Nach einem ersten Spaziergang über den Strand ließ ich den Tag in einem Liegestuhl ausklingen. Später setzte ich mich bei einem Kaffee ins Restaurant der Anlage und schrieb an meinem Tagebuch.

Zum Abendessen hatte ich eine schmackhafte Suppe und einen frischen Saft aus Ananas, Orangen und Ingwer, *super köstlich*.

Eigentlich wollte ich die zehn Tage gleich bei meiner Ankunft bezahlen. Der Chef kassiert aber alle drei Tage alles, was man bis dahin auf seiner Zimmerrechnung angehäuft hatte, inklusive der Miete.

Ich konnte meine wichtigen Papiere und das Geld ohne zusätzliche Kosten im hauseigenen Safe deponieren. Direkt neben der Anlage, am Strand, boten Frauen für **300 Baht** verschiedene Massagen an.

Ich buchte für den nächsten morgen früh um 10:00 Uhr meinen ersten Termin für eine Massage mit Öl.

Die „Hauptstraße" auf Kho Phangan geht quer über die Insel und ist die einzige ihrer Art. Von der Hauptstraße gehen dann ungeteerte Sandpisten ab, die zu den einzelnen Dörfchen und Ressorts der Insel führen. Im Ganzen wunderschön und naturbelassen.
Aber die Hauptstraße, sie ist lang ...

... wirklich lang ...

... wirklich sehr sehr lang ...

Und nach einer sehr sehr langen, und von mir empfunden, Horrorfahrt mit Benzinkanister auf der Buckelpiste, die Entschädigung: der ersehnte Inselstrand!

Morgendliche Aussicht in die Bucht

09. Januar 2013 – Erster Tag auf Kho Phangan

Guten Morgen Kho Phangan.

Es war halb acht und bis auf ein, zwei Strandläufer hatte ich den Strand für mich alleine. Die Flut war über Nacht herein gekommen und die See spiegelglatt. Mit meinen neuen Schwimmflossen schwamm ich ziemlich weit hinaus. Das Meerwasser war noch nicht so warm, wie es scheinbar gegen Mittag zu sein schien. Für meinen Geschmack schon fast zu warm.

Am Ende der Bucht, direkt neben dem Eingang zum Ressort gab es zwei abgelegene Stellen. Dort konnte ich mehrere Damen bei ihren **morgendlichen Yogaübungen** beobachten. Die Übungen sahen immer recht einfach aus, wenn man nur Zuschauer war. Ich wusste von meinen ersten Selbsterfahrungen, das es alles andere als einfach war.

Beim Yoga merkte man dann erst mal, wie steif man im Laufe der *„sportfreien"* Jahre doch geworden war. Ich wollte es am Wochenende ein mal wieder versuchen. Ein paar der Übungen kamen mir bekannt vor. Zu hause lag eine DVD mit Yogaübungen, von denen ich noch einige im Kopf hatte. In dieser harmonischen Atmosphäre sollte es mir wesentlich leichter fallen *meine Mitte* zu finden.

In meinem Bungalow luden sich zwischenzeitlich mein PC und der E-Book Reader auf. Ich wollte die Geräte erst mal vom Strom nehmen bevor ich meine nächsten Planungen für den Tag in die Tat umzusetzen gedachte. Der Adapter meines Rechners wurde beim letzten Laden verdächtig heiß, da wollte ich lieber vorsichtig sein.

Die Stromanschlüsse, bzw. die Steckdosen entsprachen auch nicht wirklich den Sicherheitsvorschriften für meine Geräte. Meine Kabel passten zwar in die Buchsen, doch ich wollte auf gar keinen Fall ein Risiko eingehen.

Mit zwei der Damen, die ich beim Yoga am Strand beobachtete, kam ich nach dem Frühstück ins Gespräch. Diese beiden *taffen* Ladies hatten bereits drei Wochen **Rundreise** durch das **indische Ratschastan** hinter sich und wollten auf der Insel ein paar Tage entspannen bevor sie sich auf eine weitere **Rundreise durch Burma** begeben würden.

Indien wäre für mich auch noch eine Option. Allerdings interessierte mich eher der südliche Teil des Landes. Meine Wahl fiele etwa auf **Kerala**, wo die indische Welt noch weitest gehend in Ordnung sein soll. Dort soll es auch noch einen gut erhaltenen Regenwald geben. Die Besonderheit in Kerala sind **Hausboote**, in den sogenannten *Backwaters*, auf denen man wohnen konnte. Außerdem befand sich **Goa**, mit seinen schneeweißen Stränden am Indischen Ozean, praktisch gleich um die Ecke.

Die Beiden erzählten von ihrer Rundreise sehr interessante Dinge. Allerdings war dort zu dieser Zeit Winter, und das wohl im wahrsten Sinne des Wortes. Sie schliefen in Daunenjacken und mussten sich zeitweise mit eiskaltem Wasser duschen. Die Eindrücke, die sie sammeln konnten waren wohl überwältigend.

Renate, die aus Bayern stammende Reisende, war hin und her gerissen zwischen Begeisterung und Entsetzen. Auf jeden Fall waren beide ziemlich fertig nach der anstrengenden Reise und suchten sich auf der Insel davon zu erholen. Renate lebte in einer ländlichen Region Bayerns und Regina wohnte in Wien, der Hauptstadt unseres österreichischen Nachbarlandes.

3 Erster Tag auf Kho Phangan

Beide Frauen waren mir wirklich sehr sympathisch. Wir drei Frauen beschlossen uns gemeinsam am Donnerstag ein Auto zu leihen um die Insel zu erkunden.

Es ist mir ein Bedürfnis eine lustige Anekdote zu beschreiben, die zu unserem Ressort gehörte:
    Wir Ressorbesucher wurden in der Anlage von zwei Hunden bewacht. *Ja, tatsächlich.* Der Eigentümer, *Mr. Oh*, hielt *zwei Hunde*, die sich frei in der Anlage bewegen durften – beides Mischlinge.

Die Hündin mit Namen **Piccola**, hatte sicherlich einen Schäferhund im Blut, der andere erinnert mich an einen Dingo, einen australischen Wildhund. Dieser Knabe, er hieß übrigens **Günther**, liebte es am Strand Löcher zu graben, in die er sich dann hinein legte. Am liebsten grub er sie unter den Sonnenliegen der Gäste und es störte ihn nicht im Geringsten, wenn sich ein Mensch dann auf die Liege legte.
    Beide Hunde achteten penibel darauf, dass sich keine Fremden in der Anlage herum trieben. Wie sie es schafften zwischen Gästen und Fremden zu unterscheiden war mir ein Rätsel. Sie konnten es augenscheinlich sehr gut.
    Kuscheln und kraulen gehörten für sie zum täglichen Ritual und der Gast, der ausgewählt wurde, hatte nicht die Spur einer Chance sich zu verweigern. Sie legten sich direkt vor ihm auf den Rücken und wollten gekrault werden. Nach ein paar Minuten hatten sie dann genug, gingen von selbst wieder und das Ritual galt als beendet – für diese Mal ... ;-)

10. Januar 2013 – Auto mieten

Wie geplant fuhren wir drei Frauen am Donnerstag morgen nach **Tongsala**, der **Inselhauptstadt** und Ankunftsort aller Fähren, um einen Jeep zu leihen. Die Straßen erforderten ein solches Fahrzeug. Auf der gesamten Insel gab es nur kurze Strecken mit betonierten Straßen, ansonsten nur Sand- und Geröllpisten, die mit normalen Autos kaum zu bewältigen waren. Die Straße wand sich bergan und bergab, gepflastert mit roter Dschungelerde. Bei Regen verwandelte sich das Ganze zu einer schlammigen, von Schlaglöchern und ausgewaschenen Rinnen übersäten Buckelpiste. Es erforderte schon gute Fahrkenntnisse und ein sehr widerstandsfähiges Gefährt sich dieser Herausforderung zu stellen.

Wir bekamen für **1000 Baht pro Tag** einen **Suzuki Jeep** mit Ladefläche. Für eine dritte Person verfügte der Jeep über einen Notsitz im Fond, den wir uns abwechselnd teilen wollten. Regina hinterließ ihren Pass bei dem Vermieter und wir machten uns auf die Strecke.

Als erste fuhr Renate. Sie bemerkte sehr schnell, das man sich an die indirekte Lenkung des Wagens gewöhnen müsste. Die Bremsen reagierten auch erst nach mehrmaligem pumpen. Sie bekam den Wagen aber nach kurzer Zeit gut in den Griff.

Es führte übrigens nur diese eine Straße über die gesamte Insel, auf der man sie auch nur umrunden konnte. Schlaglöcher und Fahrrinnen im steten Wechsel bergauf und bergab ergaben eine wirklich ruckelige Angelegenheit. Dem Spaß den wir hatten, ob der wunderschönen Aussichten die man genießen konnte, tat das keinen Abbruch.

Zwischendurch genossen wir die kurzen und wenigen Strecken, die mit Beton ausgegossen waren. Unser Ziel war eine Bucht auf der Ostseite der Insel. Regina, die schon öfter auf **Kho Phangan** zu Gast war, kannte sich gut aus.

Die Bucht war ein Traum. Etwas kleiner als unsere, dafür aber noch ruhiger. Auf der Weiterfahrt passierten wir kleine Ansiedlungen die im Hinterland, rechts oder links der Straße, errichtet waren. So wie es aussah, würde sich wohl die Insel auch in den kommenden Jahren nicht sonderlich verändern können.

3 Auto mieten

Hinterland von Kho Phangan

Dafür gab es bestimmte Gründe. Zum einen wurden **75 % zum Naturpark** erklärt und zum anderen verbot es die bergige Landschaft weitestgehend großzügig zu bauen.

So entstanden nur vereinzelte Anwesen die mit großem Aufwand recht gut in die Natur integriert wurden.

Die größeren Dörfer befanden sich nur im Hinterland der Buchten. Deren Ausmaße hielten sich auch in Grenzen und störten das harmonische Bild der Insel nicht.

Der Verkehr floß recht gemächlich dahin. Durch die abenteuerlichen Fahrwege wurden Auto- und Mopedfahrer daran gehindert eine hektische Fahrweise an den Tag zu legen. Welch ein Segen!

Wir beendeten unsere Fahrt spät nachmittags am anderen Ende unserer Bucht bei einem alten Schulfreund von Regina, der Andi hieß.

Andi nannte eine **hübsche Strandbar** sein Eigen, die wir auch zu Fuß, am Strand entlang, von unserem Ressort aus erreichen konnten. Bei einem *Mojito* genossen wir die Farbenpracht des nachmittäglichen Himmels über dem Meer.

Die Farben unterschieden sich ziemlich deutlich je nach Tageszeit. Morgens früh war der Himmel eigentlich immer nur Blau, dafür aber glasklar. Der Sonnenuntergang beschloss dann noch mal als Highlight das Ende des Tages. Der Himmel wechselte dann von Blau auf Lila, um danach mit einem dunklen Rot die Sonne zu verabschieden. Den frühen Morgen und den späten Nachmittag konnte man als die schönste Zeit auf der Insel benennen.

Aus einem Mojito wurden dann zwei *Mojitos*. Voller Übermut wollte ich den kurzen Weg zu unserem Ressort, auf der Ladefläche stehend und mir den Wind um die Nase wehend, erleben.

Regina leistete mir Gesellschaft und unsere Chauffeuse Renate fuhr Schlangenlinie, was uns zum jauchzen und lachen animierte.

Das letzte Stück wurde zur Betonstraße und wir standen fest und sicher mit den Händen am Überrollbügel festgekrallt wie zwei nordische Eichen. War wirklich eine *schöne Gaudi*.

Wir mussten den Jeep erst am Freitag Mittag wieder abgeben, was uns Dreien noch eine menge Spaß einbrachte.

Regina, Renate und ich

11. Januar 2013 – Der Horrortrip

Nach dem Frühstück machten wir drei Frauen uns auf den Weg zur **Bottlebeach Bucht**. Wir wollten dort schwimmen und schnorcheln. Gesagt, getan ...

Ich entschwand also mit meiner Schnorchelausrüstung ins Wasser. Der Strand in unserer Bucht fiel ganz flach ins Meer ab, man konnte ziemlich weit hineinlaufen.

An der **Bottlebeach Bucht** fiel der allerdings recht steil ab und die Brandung war auch nicht ohne. Nachdem ich so etwa fünfzig Meter vom Strand entfernt und es bis zum Grund gute sechs Meter tief war, verlor ich die erste meiner beiden Schwimmflossen. Sie sank umgehend wie ein Stein auf den Grund und bohrte sich in den Sand.

Ich versuchte zu tauchen um meine Flosse zu holen. Bei diesem Versuch verlor ich auch noch die zweite Flosse. Normalerweise wäre es ja kein Problem kopfüber abzutauchen, was ich auch ein halbes dutzend Mal versuchte, doch eine starke Strömung verhinderte, dass ich bis zum Meeresgrund abtauchen konnte. Es drückte mich immer wieder an die Oberfläche.

Als ich zum gefühlten hundertsten Mal auftauchte, war Renate neben mir. Wir verabredeten, dass sie mich untertaucht und ich so versuchen sollte an die Flossen zu kommen. Wir schafften es allerdings erst, als sie sich mit den Füßen auf meine Schultern stellte. Endlich erreichte ich mein Ziel und mit zwei Versuchen holte ich meine Flossen wieder nach oben.

Bei unserer ganzen Aktion merkten wir gar nicht, dass wir vom Strand aus von einigen Leuten beobachtet wurden. Völlig erschöpft erklommen wir am Ende den Strand, an dem uns lächelnde Gesichter empfingen.

Derweilen saß Regina seelenruhig auf ihrem Strandstuhl und beobachtet unsere Aktion ohne sich auch nur die geringsten Sorgen zu machen. Es standen schon zwei eisgekühlte Shakes auf dem Tisch und erwarteten uns. Wir spülten damit den Salzgeschmack hinunter und ärgerten uns im Nachhinein, dass wir diesen *Slapstick* nicht gefilmt hatten.

Der Horrortrip

Die Flossenaktion nagte ziemlich an unserem Zeitplan. Wir mussten uns an den Aufstieg zu unserem Auto machen. Der Weg in der gleißenden Sonne hatte es in sich. Es gab keinen Zipfel Schatten auf dem steilen Dschungelpfad.

Als wir endlich unseren Jeep erreichten mussten wir erstmal verschnaufen. So oder so war das kein Problem, denn in dem Wagen war die Luft erhitzt wie in einem Backofen. Mit offenen Türen und Fenstern lüfteten wir den Jeep etwas aus, bevor wir uns an die Weiterfahrt machen konnten. Renate und Regina tauschten den Fahrersitz und wir fuhren erst mal eine ganze Weile bergauf. Der kleine Suzuki schlug sich wider erwarten sehr gut auf der Wackelpiste. Dann ging es bergab und damit begann *der Horrortrip*.

Von jetzt auf sofort versagten die Bremsen.
Regina trat wie eine wilde auf das Pedal - aber es tat sich nichts. Unser Glück in diesem Unglück war es, dass die Piste so viele Löcher und Rinnen hatte, das *die Huddel* nicht in der Lage war wirklich Fahrt auf nehmen zu können.

Uns wurde schon leicht mulmig bei dem Gedanken welche Strecke wir noch vor uns hatten. Plötzlich fassten die Bremsen wieder und wir dachten schon, dass uns die Hitze einen Streich spielte und die Bremsen überhitzten. Diese Annahme war so was von Falsch.
Das stellte sich bei der nächsten Abfahrt heraus.

Regina hatte alle Mühe den Wagen unter Kontrolle zu bekommen. Mit dem Fuß trat sie immer wieder auf das Pedal und mit der linken Hand betätigte sie unermüdlich die Handbremse. Nach der nächsten Kurve entdeckten wir eine Baustelle auf der wir mindestens zwei Arbeiter ausmachen konnten. Der Jeep kam direkt vor ihnen zum Stehen. Regina zog mit aller Kraft die Handbremse und schaltete den Motor ab.

Wir hatten von der Vermietungsstation eine Handynummer erhalten. *„Für alle Fälle"*, so die süffisante Auskunft. Regina war so außer sich, dass wir einen der beiden Handwerker baten für uns das Gespräch auf Thai weiter zu führen.

Wir verlangten abgeholt zu werden. Für den Jeep sollten sie einen Abschleppwagen schicken. Der zweite Arbeiter bot sich an es selbst einmal mit dem Wagen zu versuchen und wäre beinahe den Abhang hinunter gerollt. Unter seiner braunen Haut schimmerte danach etwas Blässe hindurch und er hängte sich sofort ans Handy.

3 Der Horrortrip

Trotzdem wir kein Wort verstanden, konnten wir doch aus seiner Körperhaltung entnehmen, dass er mehr als ungehalten war. Wir wurden das Gefühl nicht los, dass die Dame von der Vermietung sehr wohl wusste, welche *Schrottlaube* sie uns überlassen hatte.
Dieses Gefühl verstärkte sich noch als die Taxe eintraf, die uns die Gute dann schickte. Der Taxifahrer brachte bereits Regina´s Pass mit. Damit vermied sie es geschickt uns nicht mehr vor die Augen treten zu müssen.
Der Fahrer setzte uns am Pier ab, wo wir etwas später von dem hauseigenen Fahrer unseres Ressorts abgeholt wurden.
Da uns bis dahin noch Zeit blieb entschlossen wir unseren Frust beim shoppen abzubauen.

Der eingeschlagene Weg führte uns an der Vermietungsstation vorbei in der sich niemand befand. Da war wohl das schlechte Gewissen unübersehbar.

Die Wut nach Angst und Schrecken hatte sich bereits gelegt, schließlich war ja alles gut gegangen und der Kauf wunderschöner Bilder entschädigte uns auch noch nachträglich für diese Aufregung.

Unser Fahrer vom Ressort war pünktlich um 14:00 Uhr am Pier und wir kamen gut gelaunt im Ressort an. Wir genossen noch die letzten Sonnenstrahlen bevor wir uns in unser Dorf auf machten um uns eine entspannende Thaimassage zu gönnen. Der Tag endete beim Andi mit ein paar Mojitos.

12. Januar 2013 – Mit Sype von der Insel nach Berlin

Meine Nacht war leider ziemlich kurz.
Ich erwachte durch starke Ohrenschmerzen. Wir hatten natürlich während der Fahrt die Fenster geöffnet, den Preis dafür zahlten nun scheinbar meine Ohren.
In der Apotheke unseres Dörfchens besorgte ich mir Ohrentropfen.
In Begleitung meiner beiden Ladies gönnten wir uns eine super angenehme, manchmal auch ganz schön schmerzhafte Massage bei einem sehr empfehlenswerten Massagestudio im Ort.

Für Renate und Regina endete der Besuch auf der Insel am Montag. Sie wollten noch zwei Wochen durch **Burma** reisen. Bisher hatten sie nur die ersten beiden Nächte in der Hauptstadt des Nachbarlandes von Thailand fest gebucht, alles andere wollten sie vor Ort erkunden.

Burma öffnete sich sehr langsam dem westlichen Tourismus. Die Infrastruktur lies noch sehr zu wünschen übrig. Kein Wunder, nachdem die Bevölkerung Jahrzehnte lang von einer **Militärregierung** unterdrückt wurde. Für die **neue Präsidentin** gab es noch viel zu tun, um das Land in die Neuzeit zu führen. Keine leichte Aufgabe für die sympathische Frau. Die Militärs gaben bisher die Macht immer noch nicht vollständig aus den Händen. Ich hoffte für die Beiden, dass die Nachrichten, die man so von anderen Reisenden erhielt, nicht zu treffen würden. Man berichtete von katastrophalen Zuständen.

Es gebe für zu viele Touristen zu wenige Unterkünfte und das Verkehrssystem sei auch unzureichend. Gebuchte Unterkünfte waren hoffnungslos überbucht und viele Reisende mussten ihren Urlaub kurzfristig abbrechen.

Zurück in unserem Ressort baten mich die Mädels ihre Mails checken zu dürfen und ich wollte dann mit Steffi *skypen*. Wir hatten eine prima Verbindung. Leider wurde der Versuch meiner Tochter etwas von der schönen Umgebung zu zeigen dadurch vereitelt, dass es *am Strand keine WiFi Verbindung* mehr gab. Es ist schon wirklich sehr schön, nicht nur die Stimme zu hören sondern auch zeitnah in das geliebte Gesicht sehen zu können.

Manche neue Technik möchte man wirklich nicht mehr missen.
Laut Auskunft meiner Tochter schneite es in Berlin ab und zu leicht und es wurde immer eisiger. Na ja, es war eben Winter in der Heimat, deshalb war ich auch in Thailand.

In meiner Wohnung herrschte scheinbar ein wenig Chaos.
Meine Nichte und Ihre Freundin bewohnten für die Zeit meiner Abwesenheit die Wohnung um sich um mein *geliebtes Kätzchen Mia* zu kümmern.
Meinem kleinen Schnurri schien es jedenfalls an nichts zu fehlen. Die Beiden kümmerten sich rührend um sie, schmusen und spielen war *klein Miechens* Lebensinhalt, der ausgiebig von den Beiden bedient wurde. Aufräumen konnte ich noch, wenn ich wieder da sein würde, mein Kätzchen war mir um einiges wichtiger. Leider gab es auch eine negative Nachricht.

Der Durchlauferhitzer im Bad machte kein warmes Wasser und Steffi hatte bereits meinen Vermieter informiert. Im vergangenen Jahr gab es bereits das selbe Problem. Der elektrische Apparat schaffte es nicht das sehr kalte Wasser im Winter zu erhitzen. Ich hoffte der Vermieter lies endlich ein leistungsstärkeres Gerät einbauen.

12. Januar 2013 – Die Zeit verfliegt

Am Montag reisten nun die beiden Ladies zu ihrem ungewissen Trip durch Burma ab. Sie waren jedoch erfahrene Globetrotter und würden mit den Situationen schon zu recht kommen.

Nun würde ich für die kommenden Tage alleine sein und ich hatte mir schon einige Dinge vorgenommen. Ich wollte meine nähere Umgebung zu Fuß erkunden. Außerdem konnte ich auch mit einem Taxi zu den weiter entfernteren Stränden gelangen.

...Die Zeit verflog so schnell im Paradies „Kho Phangan" ...

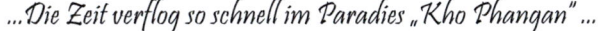

4 Zurück zum Festland, zweite Mal Khanom

18. Januar 2013 – Zurück zum Festland, Khanom

Auch mein letzter Tag auf der Insel war gekommen. Es war halb acht in der Früh. Ich saß mit meinem Laptop auf der Terrasse am Meer und schrieb die letzten Mitteilungen in mein Tagebuch für diese Zeit.

Die rührigen Geister vom Ressort waren ebenfalls eingetroffen und richteten alles für das Frühstück her, das es ab 8:00 Uhr zu bestellen gab. Ich sollte um 10:00 Uhr abgeholt und zur Fähre gebracht werden, die um 13:00 Uhr die Insel Richtung Festland verlassen würde.

Sie sollte um 15:30 Uhr den **Fährhafen *Don Sak*** erreichen und ich wollte dann den Bus nach **Khanom** nehmen. Dort angekommen sammelte mich der Fahrer vom „***Khanom Hill Ressort***" wieder auf.

In dem gemütlichen Ressort, bei sehr reizenden Menschen, buchte ich die kommenden drei Tage. Vor meiner langen Reise nach **Udon Thani** wollte ich die Zeit noch am Strand verbringen.

Ich hatte für diese Anreise noch keinen klaren Plan gefasst. Wahrscheinlich war, dass ich zuerst zurück nach **Bangkok** kommen musste. Von dort aus wollte ich versuchen einen Flug zu bekommen. Sollte das nicht klappen stand mir eine 10-12 stündliche Busreise bevor. Diese Entscheidung würde ich erst vor Ort treffen.

Die Insel verabschiedete mich wie sie mich empfangen hatte.
Wie es aussah, würde es wieder ein schöner Tag werden. Die Flut schob das Meer an den Strand und die Sonne lugte hinter den Bergen hervor. Ich war mir ganz sicher, dass mich die Insel nicht zum letzten Mal sah.

In zwei Jahren werde ich wieder kommen. Immer, wenn es mich ans Meer treiben sollte und ich von der Stadt die Nase voll habe, wird dieses Fleckchen Erde mein Ziel sein. Irgendwann vielleicht auch mal mit meiner Tochter, wenn sie mich in Thailand besuchen kommt.

Die Überfahrt mit der Fähre nach **Don Sak** war eine ziemlich wackelige Angelegenheit. Je näher wir dem Festland kamen, desto heftiger frischte der Wind auf. Das Wetter dort schien nicht gerade zum Baden und sonnen einzuladen.

Hoffentlich würden nicht meine letzten Tage am Meer buchstäblich ins Wasser fallen. Das „**Khanom Hill Ressort**" war ein wirklich sehr hübsches Plätzchen. Es war etwas komfortabler ausgestattet, als meine kleine Hütte auf der Insel. Dafür kostet es auch um einiges mehr.
Die **Bungalows** bestanden aus festen Häusern mit sehr großzügig gestalteten Zimmern. Man könnte sie unbedingt auch zu zweit, wenn nicht sogar zu viert bewohnen. Die Bungalows lagen etwas oberhalb des Strandes. Auf jeden Fall vor einem Tsunami geschützt.

Als die Fähre in **Don Sak** ankam, musste sie noch einige Minuten vorm Hafen warten. Die Anlegestelle wurde noch von einem auslaufenden Schiff blockiert. Der Grund dafür war eindeutig das schlechte Wetter und der sehr stürmische Wind.
Der Kapitän der Fähre hatte alle Hände voll zu tun das große Schiff durch die enge Einfahrt rückwärts hinaus zu manövrieren. Der Wind drückte das Schiff immer wieder bedenklich dicht an das Hafenpier.
In der Zwischenzeit fing es heftig an zu regnen und als wir endlich am Pier anlegten und die Passagiere von Bord gingen, waren wir schon recht nass geworden. Den Bus nach **Khanom** brauchte ich nicht.
Der Fahrer, den mir das Ressort schickte, wartete bereits um mein Gepäck entgegen zu nehmen. Wir brauchten nur ein paar Schritte zu seinem Auto. Die Fahrt nach Khanom dauerte fast eine Stunde. Ich bekam wieder den selben Bungalow.

Als ich morgens auf der Terrasse des Hauses stand traute ich meinen Augen kaum. Ein Pärchen aus Finnland, das ich bereits bei meinem ersten Besuch in Khanom kennen lernte, bewohnte noch immer den Bungalow neben meinem. Wir kamen bei meiner Ankunft in Thailand im Ressort schnell ins Gespräch. Sehr angenehme Zeitgenossen.
Sie freuten sich genau so wie ich, dass wir uns noch mal zu sehen bekamen. Schon am nächsten Tag, dem Sonntag, würden sie abreisen müssen und das auch noch mitten in der Nacht. So konnten wir am Samstag, noch zusammen sitzen und ein Bierchen schlürfen.
Die Beiden hießen Elna und Patrick und lebten in einer abgelegenen kleinen Stadt in Finnland deren Namen ich leider nicht richtig verstand. Elna brachte ihr Laptop mit zum Abendessen um mir ein paar Fotos aus Finnland zu zeigen. Es waren Familien- und Landschaftsaufnahmen. Sie hatten drei erwachsene Söhne und waren vor vier Monaten Großeltern geworden. Man sah ihnen an, wie mächtig stolz sie auf den Familienzuwachs waren. Die Landschaftsaufnahmen zeigten, meistens im Winter, die Gegend um Ihr Haus.

4 Zurück zum Festland, zweite Mal Khanom

Ja, wenn der Winter bei uns auch so aussehen würde, hätte ich nicht so viel gegen ihn einzuwenden. Immer blauer Himmel, Sonne und tief verschneite Wälder, sehr romantisch. Allerdings auch um die Minus fünfundzwanzig Grad, was der Sache wieder irgendwie die Romantik nahm.

Wir verabschiedeten uns gegen 19:00 Uhr. Sie mussten ins Bett, weil sie bereits um 3:30 Uhr am Morgen abgeholt wurden. Ich machte noch einen kleinen Spaziergang am Strand entlang. Die Brandung war mörderisch, unmöglich ins Wasser zu gehen, wenn man nicht Gefahr laufen wollte zu ertrinken.

„Das Glück kommt zu denen, die lachen." Japanische Weisheit

20. Januar 2013 – Weiter nach Udon Thani

Einen Tag später, am Sonntag wurde es dann schon wieder schön. Der Sturm bei meiner Ankunft hatte bereits an Intensität nachgelassen und auch das Meer war um einiges ruhiger, so dass ich schwimmen gehen konnte.

Zu dem Ressort gehörte eine Deutsche, die mit ihrem Ehemann seit acht Jahren als Beraterin, und auch Fremdenführerin, ehrenamtlich fungierte. Sie hieß Dagmar und ich hatte auch bei meiner Internetbuchung Kontakt zu ihr. Dagmar fragte mich, ob ich Lust hätte mit zum **„Sunday Market"** nach **Khanom** zu kommen, was ich sehr gerne wollte.

Das Ressort war zwar sehr idyllisch, doch dadurch auch etwas abgelegen, so dass man keine großen Möglichkeiten für spontane Ausflüge bekam.

Gegen 15:30 Uhr fuhren wir also gemeinsam mit noch einem Pärchen aus dem Ressort auf den Markt, der wie immer in Thailand, wieder ein Erlebnis für die Sinne war. Was den Besuch allerdings so einmalig machte, war die Tatsache, das Dagmar, die perfekt Thai sprach, viele Speisen, Früchte und Gemüse erklären konnte.

Durch sie erfuhr ich neue Dinge, die ich bisher noch nicht kannte. War ausgesprochen interessant. Als wir gegen 18:00 Uhr wieder zurück im Ressort waren, aß ich noch eine Suppe zum Abendessen und ging auf mein Zimmer, um zu packen.

Mein **Flug nach Udon Thani**, den ich vom Ressort aus gebucht hatte, ging von **Suratthani** zwar erst um 14:15 Uhr nach **Bangkok**, doch auf Grund der Entfernung und der fahrtechnischen Umstände wurde ich bereits um 9:30 Uhr vom Ressort abgeholt.

5 Weiter nach Udon Thani

Zuerst nach **Khanom**, dann nach **Suratthani** in die Stadt, von wo aus ein spezieller *Airport Shuttle Bus* mich zum Airport brachte. Die Fahrzeit des Busses würde auch noch mal eine Stunde in Anspruch nehmen.

Die Besonderheit mit dem Bus war die, dass der Airport auch gleichzeitig Militärbasis und der Luftwaffe von Thailand unterstellt war. Die Fahrer mussten bei der Einfahrt auf das Gelände Ihren Ausweis abgeben und bekamen ihn erst wieder beim Verlassen des Geländes ausgehändigt. Da der Busfahrer des speziellen *Airport Shuttle Busses* bekannt war, entfiel diese Prozedur.

Der **Flug nach Bangkok** endete auf dem alten **Flughafen „Don Muang"** und war angenehm, was man von der langen Wartezeit auf den nächsten **Flug nach Udon Thani** nicht behaupten konnte. Ganze *vier Stunden* musste ich warten. Deshalb nutzte ich die Zeit um mein Tagebuch auf den neuesten Stand zu bringen.

Als ich am Abend dann endlich in **Udon** gelandet war, nahm ich mir ein Taxi zum Ressort. Die Fahrt dauerte etwa zwanzig Minuten und die Stadt war schon weitestgehend zu Bett gegangen.

Auf den Straßen war es ruhig, ganz im Gegenteil zu Bangkok, wo es erst am Abend so richtig voll wurde. Der Taxifahrer kannte das *„Ressort von Thomas"* und brachte mich ohne Umwege direkt bis vor die Tür. Dort wurde ich bereits von den selben Leuten erwartet, die ich schon von meinem letzten Besuch her kannte.

Da war der Thomas, dem das Ressort gehört. Er ist ein liebenswerter grauhaariger Mann in meinem Alter, der gerne Geschichten erzählt, die oftmals so lustig waren, das ich mich köstlich amüsierte.

Ronald, der Vertreter für Thomas, wenn der mal wieder eine Auszeit nahm um Freunde in **Pattaya** zu treffen, nach Bangkok fuhr oder auch seine Familie in Deutschland besuchte. Ronald war auch schon viele Jahre in Thailand, ein gelernter Banker und hoch intelligent. Mit Ronald zu sprechen war immer ein Vergnügen, weil er zum Einen sehr gebildet und zum Anderen eine besondere Art von Humor besaß.

Manchmal wusste man nicht, ob er etwas ernst meinte, oder jemandem einen Bären aufband. Er war außerdem noch der Spezialist für alles, was mit IT zu tun hatte.

Seine thailändische Freundin, die im Ressort als Bedienung arbeitete, lernte ich auch kennen, weil sie gerade im Dienst war. Sie hieß Lei und schien eine nette Frau zu sein.

Dann war da noch Andi, mit einer Thailänderin seit über zehn Jahren verheiratet, lebte ursprünglich bis 2011 in München. Er wurde auf Grund seines Gesundheitszustandes von seiner deutschen Firma vorzeitig in den Ruhestand entlassen und wohnte seither in dem Dorf seiner Frau. Er baute sich dort ein Haus.

Andi war ein Herzensguter Kerl und man konnte meistens gut mit ihm auskommen. Er besuchte seine Eltern in Deutschland mindestens ein mal im Jahr. Bei meiner Ankunft war seine Cousine auf Besuch in **Udon Thani** und wohnte auch bei Thomas im Ressort.

Ihr Name war Renate und sie war auch bereits in Pension. Eine recht *toughe* Frau von Ende sechzig die als Sozialarbeiterin und Psychologin in einem Außenbezirk von München wohnte und dort auch ihren Dienst versah. Nach ihrer Pensionierung engagierte sie sich noch ehrenamtlich für einen kirchlichen Träger auf sozialem Gebiet. Wir waren uns auf Anhieb sympathisch.

Es waren auch noch ein paar andere Gäste anwesend, die ich noch nicht kannte. Thomas teilte mir einen Bungalow zu und ließ mein Gepäck ins Zimmer bringen. Ich bekam einen Rotwein setzte mich zu ihnen an die Bar und wir plauderten noch bis gegen Mitternacht.

21. Januar 2013 – Erste Nacht in Udon

Meine erste Nacht war nicht sonderlich prickelnd. Ich war bereits wieder um 3:00 Uhr wach und konnte nicht mehr wirklich einschlafen. So machte ich mich daran mein Gepäck in die verschiedenen Schränke zu räumen. Um 8:00 Uhr kamen die Mädchen und öffneten den Küchenbereich und ich konnte mir ein Frühstück bereiten lassen.

Ich wollte erst mal nur eine Tasse Kaffee trinken, weil ich zum Markt laufen wollte. Ich marschierte entlang der Hauptstraße zum Markt, den ich bereits von meinem ersten Besuch her kannte. Es hatte sich in den vergangenen zwei Jahren nichts verändert. Mein erster Einkauf bestand aus einer schönen großen Papaya, zwei Mangos, ein paar Tomaten und vorgeschnittener Ananas.

Als ich im Ressort zurück war, frühstückten bereits auch andere Gäste. Ich gab mein Obst in die Küche und bekam es auf einem Teller angerichtet wieder zurück. In der Zwischenzeit kam ich mit den anderen Gästen ganz leicht ins Gespräch. Sie stammten aus Deutschland, Österreich, der Schweiz und aller Herren Länder. Der Eine oder Andere war schon mehr als ein Mal hier im Ressort abgestiegen.

Viele der Gäste bestanden aus gemischten Partnern. Meist waren es europäische Männer mit ihren thailändischen Frauen. Viele waren bereits seit einigen Jahren miteinander leiert. Wie und wo sie sich kennen lernten war fast immer gleich. Die Frauen arbeiteten oftmals in Bars oder anderen Lokalitäten in denen sich hauptsächlich **Farangs**, die thailändische Bezeichnung für „*Weiße*", aufhielten. Daran war meistens auch gar nichts auszusetzen, was die langjährigen Partnerschaften bewiesen.

Renate und ich machten ein paar Pläne für die kommenden Tage. Unter anderem wollten wir nach **Nong Khai**, was ich auch bereits von meinem ersten Besuch im **Isarn** kannte.

Thomas und Andi boten sich an mit uns dort hin zu fahren. Es sollte am Mittwoch los gehen. Für Freitag wurde kurzerhand ein Besuch auf einem speziell für Seidenstoffe bekannten Markt ins Auge gefasst. Ratana, die Frau von Andi, würde uns dort hin begleiten.

23. Januar 2013 – Nong Khai Markt

In **Nong Khai** hatte sich nicht das Geringste verändert seit meinem letzten Besuch. Leider fand ich den Stand mit den schönen Flip Flops vom letzten Mal nicht wieder. Diese Sandalen hatten sich leider auf Kho Phangan bereits in ihre Einzelteile aufgelöst, was mich sehr traurig machte, weil die ausgesprochen bequem waren.

Renate buchte in **Nong Khai** bei einem Freund von Thomas und Andi ihre drei tägige Reise nach **Chiang Mai**. Der Carsten betrieb in Nong Khai ein Reisebüro.

Wir verbrachten ein paar Stunden am **Mekong**. Thomas kaufte auf dem Markt noch einige nette Dekorationsartikel für sein Ressort, bevor wir uns wieder auf den Heimweg nach Udon begaben.

Dekoartikel soweit das Auge reicht...

25. Januar 2013 – Seidenmarkt Richtung Nong Khai

Am Freitag waren wir dann gemeinsam mit Andi´s Frau Ratana, ihrer Tochter, einer Freundin und Ihrer Mutter beim **Seidenhändler**.

Etwa auf der halben Strecke Richtung Nong Khai hinter einer kleinen Tempelanlage befand sich ein kleiner Markt, auf dem diverse Stoff- und Seidenhändler ihre Waren anboten. Es gab eine große Auswahl an wunderschöner Seide vom Meter zu kaufen.

Renate und ich suchten uns jeweils zwei Seidenstoffe aus um uns dann bei einer Schneiderin gegenüber von unserem Ressort zwei Blusen nähen zu lassen. Renate würde ihre Blusen in der kommenden Woche abholen können, weil bereits Sonntag in einer Woche ihr Urlaub beendet war und sie wieder nach hause flog. Meine Blusen sollten am 15. Februar fertig sein.

Preislich lagen wir **pro Bluse bei 1600 Baht**. Das entsprach gerade mal **40 Euro**, wofür man in Deutschland gerade mal eine Bluse aus Kunststoff von der Stange bekäme. Wir waren sehr gespannt auf das Ergebnis.

Seide soweit das Auge reicht...

26. Januar 2013 – Mit dem Roller durch Udon

Renate war morgens nach **Chiang Mai** abgereist.
Sie buchte einen **Flug vom Udon Thani Airport**, das Hotel in Chiang Mai, Guideservice, Ausflüge in die Umgebung und den Rückflug nach Udon Thani bei Carsten. Sie musste dafür fast 400.- Euro bezahlen. Das wäre mir für drei Tage zu teuer.

Auf jeden Fall telefonierten sie und Andi täglich und sie war ausgesprochen begeistert von Chiang Mai und der wunderschönen Umgebung, die sie auf ihren Ausflügen zu sehen bekam. Ich war auch schon sehr gespannt auf den thailändischen Norden, den ich demnächst für die restlichen Wochen meines Aufenthaltes in Thailand besuchen werde.

Der Pit, ein alter Freund vom Thomas, der in Eberswalde lebte und mindestens ein halbes Jahr jedes Jahr in Udon verbrachte, hatte sich angeboten mich durch die Stadt zu begleiten. Ich lieh mir bei Thomas einen Motorroller und wir zwei flitzten durch Udon Thani.

Es machte mir viel Spaß und ich traute mich in den nächsten Tagen dann auch ganz alleine los. Natürlich musste man aufpassen, wie schließlich in Deutschland auch. Hatte man sich erst mal an den Linksverkehr gewöhnt, war alles *easy*. Ich wollte auf jeden Fall wieder fahren.

5 Museums Ausflug planen

29. Januar 2013 – Museums Ausflug planen

Renate war wieder aus Chiang Mai zurück.

Wir planten für Freitag den Besuch eines Museums das etwa 60 km von Udon Thani entfernt zu finden sein sollte.

Dort gab es Artefakte zu besichtigen, die man vor vielen Jahren in einem kleinen Dorf, mit Namen Bang Chiang, nordwestlich von Udon gefunden hatte.

Während Bauarbeiten stießen die Arbeiter auf ein ganzes Dorf, das dort teilweise seit 5000 Jahren in der Erde schlummerte, inklusive sehr gut erhaltener Skelette, Tonwaren, Werkzeugen und Schmuck in ausgezeichnetem Zustand.

Wir würden von Jenna gefahren, einer Thailänderin, die für Thomas solche Ausflüge übernahm. Sie sprach sehr gut englisch, so das es keine Verständigungsprobleme geben dürfte.

01. Februar 2013 – *Artefakt Museum*

Die alten Ausgrabungen zu besichtigen war eine gute Idee.
Jenna brachte uns zu dem Museum, welches direkt an der Ausgrabungsstätte errichtet wurde. Wir beiden Farangs bezahlten **100 Baht** Eintritt, während Jenna gerade Mal **30 Baht** bezahlen musste. Dieser finanzielle Unterschied herrschte eigentlich in allen öffentlichen Einrichtungen, als auch bei den TukTuk- und den Taxifahrern.
Ausländer mussten einfach immer tiefer in die Tasche greifen.
Wir beschwerten uns nicht, denn schließlich verfügten wir nun mal auch über wesentlich mehr finanzielle Mittel als die Thai. Das Eintrittsgeld floss ja auch in die Erhaltung und den Betrieb von solchen Einrichtungen und das käme am Ende auch uns zu Gute. Wie das Geld verwandt wurde zeigte sich auch dann bei der Besichtigung. Alles war sehr professionell gestaltet und liebevoll gepflegt.
Wir sahen **Töpferwaren** die in kleinster und feinster Handarbeit aus unterschiedlich großen Mosaiksteinen zusammen gesetzt wurden. Teilweise waren einige Relikte sogar fast gänzlich erhalten.
Die Tonwaren wurden vor 5000 Jahren mit Mustern versehen, die man auch späteren Funden zu ordnen konnte, so das sich daraus ein Querschnitt aus Zeiten zwischen 5000 und 1800 Jahren erklären lies. Es wurden auch Szenen nachempfunden in denen man sich den Tagesablauf der Menschen von damals sehr gut vorstellen konnte.
So hatten sie bereits die Fähigkeit mit Schmelzöfen und Schmieden umzugehen und waren in der Lage filigrane Schmuckstücke eben so her zu stellen, wie Waffen und Werkzeuge aus Eisen und Bronze zu schmieden.
In einem angrenzenden Gebäude befand sich die originale Ausgrabungsstätte einer Begräbnisstelle, die man genau so erhalten hatte, wie man sie vor fand.
Die gefundenen Skelette waren teilweise so gut erhalten, das man noch erkennen konnte, wenn sie an Karies oder auch an Knochenkrankheiten litten. Es war wirklich ausgesprochen interessant diesen Ausflug zu unternehmen. Am Schluss besuchten wir noch einen kleinen Tempel, der nur wenige Minuten Fußweg von der **Ausgrabungsstätte** entfernt stand.

Wir erfuhren auch, dass die Ausgrabungen noch andauerten und man im **Umkreis von Bang Chiang** weitere Dörfer entdeckt hatte.

Das derzeitig bewohnte kleine Dorf war ein **typisches Thaidorf** mit schönen alten **Stelzenhäusern**, von denen die meisten liebevoll hergerichtet waren. Das Dorf wirkte ruhig und hatte eine angenehme Atmosphäre.

Als wir es wieder verließen, bemerkte ich am Ausgang eine Tonbrennerei in der noch nach alter Methode gearbeitet wurde.

Auch die Verzierungen auf den Tonwaren wurden von Malern mit der gleichen Art Pinsel und Farbe auf die Vasen und Töpfe aufgetragen, wie es bereits ihre Vorfahren vor 5000 Jahren taten.

Wenn ich später mein Appartement oder Haus mit Dekorationen schmücken werde, kämen diese schönen Tonwaren mit Sicherheit auch in mein Domizil.

02. Februar 2013 – Essen bei Freunden

Am Samstag wurde Renate von ihrem Cousin Andi und seiner Familie mit einer Einladung zum Abendessen verabschiedet. Andi hatte auch mich zu diesem Event eingeladen und wir fuhren gemeinsam zu einem sehr schönen **thailändischen Restaurant** mit Namen *„Bang Thai"*.
Am Ende waren wir über 20 Personen, weil zu so einem Ereignis die gesamte Familie und gute Freunde zusammen kamen. Ich hatte noch nie vorher mit einer **thailändischen Großfamilie** zu Abend gegessen und fand es sehr angenehm. Einige sprachen recht gut englisch und so konnte ich mich auch unterhalten.
Eine Schwägerin vom Andi arbeitete als Krankenschwester in einer großen Klinik in einer Stadt etwa 100 km westlich von Udon und lud mich ein, sie dort zu besuchen, wenn ich immer hier leben würde.

Was ich besonders Aufmerksam fand war, das man auch an die zu hause gebliebenen Eltern von Ratana dachte und ihnen das Abendessen mit heim nahm.
Renate und ich verabschiedeten uns im Ressort, nachdem sie noch für die anwesenden Stammgäste einen kleinen Umtrunk veranstaltete, weil sie am nächsten Tag bereits um 7:00 Uhr in Richtung Bangkok abreisen würde. Sie blieb noch zwei Tage in Thailands Hauptstadt bevor sie am Mittwochmittag nach München abfliegen sollte.

03. Februar 2013 – Chinesisches Neujahrsfest

Meinen ersten Tag ohne die Begleitung von Renate gestaltete ich, in dem ich mit dem **Songtaew** in die Stadt fuhr. Ich schlenderte durch kleine Gassen und entdeckte dabei einen wunderschönen **Chinesischen Tempel** der scheinbar auch als Konzertveranstaltungsort genutzt werden konnte. Mir fiel auf, das viele Menschen damit beschäftigt waren das **Chinesische Neujahrsfest**, das am 09. Februar stattfand, vor zu bereiten.

Thomas erbot sich, mich dort hin, am Wochenende, zu begleiten, weil ich mir dieses Spektakel nicht entgehen lassen wollte. Es sollte einen Umzug durch Udon geben, bei dem die chinesischen Einwohner von Udon riesige Papierdrachen durch die Stadt transportieren würden.

Alle Häuser und Geschäfte sollten dann festlich geschmückt sein und ich hatte vor das Schauspiel mit meiner Handycam zu filmen. Die Feierlichkeiten würden sich das ganze Wochenende hin ziehen und besonders in den Abendstunden ihren Höhepunkt erreichen. Ich freute mich schon darauf.

Während meiner Tour durch die Stadt gönnte ich mir mal wieder eine schöne, erholsame Fußmassage. Eine traditionelle Thaimassage wollte ich mir unbedingt bei einem der Mädchen holen, die nach Ihrer Ausbildung in einer staatlichen Massageschule 500 Massagen zusammen bekommen mussten, um ein Zertifikat zu erhalten. Ich war schon mit Pit dort und hoffte es wieder zu finden. Dort kostete eine ganze Stunde feinster und absolut **professioneller Thaimassage** gerade Mal **130 Baht**, was selbst im preiswerten Udon unschlagbar billig war.

Seit einigen Tagen war es sehr heiß, mit Temperaturen von 37 Grad am Tage und immer noch bis zu 32 Grad in der Nacht. Ich verbrachte diese Zeit am Pool der Anlage, wo mir eine Abkühlung gesichert war. Das Ressort war voll ausgebucht mit Gästen aus der ganzen Welt.

Diese Vielfalt erfreute mich immer wieder. So viele Menschen aus aller Welt kamen selten so nah und unkompliziert zusammen. Man unterhielt sich angeregt lachte viel miteinander und lernte auch einige Besonderheiten von den jeweiligen Gebieten kennen. Alle Gäste fühlten sich wohl, waren aufgeschlossen und sehr sympathisch.

Im Chinesischen Tempel, Statur von Konfuzius

Geschmückte Straße zum Chinesischen Neujahrsfest

09. Februar 2013 – Fest ohne Feier

Das mit dem Chinesischen Neujahrsfest war dann wohl ein Schuss in den Ofen. Wir waren praktisch jeden Tag in der Stadt. Außer, das über die Straßen ein paar Lampions und rot goldene Transparente gespannt wurden, war nichts los. Keine Papierdrachen und keine Parade. Im Fernsehen wurden Bilder von den Festlichkeiten auf dem Chinesischen Festland, in Hongkong und Singapur, gezeigt. Da ging es richtig hoch her. In Udon war der Anteil chinesischer Einwohner scheinbar nicht mehr so hoch, wie noch vor ein paar Jahren. Schade, ich hätte dieses Fest gerne mit erlebt.

Dafür genehmigte ich mir endlich eine Thaimassage bei den jungen Profis am Nong Prajak Lake. Dieser künstliche See gilt auch als beliebter Ausflugsort für die Einwohner von Udon. Rund um das Gewässer waren kleine Parks angelegt worden. An den Wochenenden kamen die Menschen zusammen um mit der Familie oder mit Freunden ein Picknick abzuhalten oder in den frühen Morgenstunden verschiedene asiatische Bewegungstechniken zu zelebrieren.

18. Februar 2013 – Zocken auf der Pferderennbahn

Es war Montag und mein Aufenthalt in Udon neigte sich dem Ende zu. Am Freitag würde ich den **Nachtbus nach Chiang Mai** besteigen. Die Fahrkarte hatte ich bereits gekauft.

Die vergangenen Tage waren noch recht Erlebnisreich. Am Samstag besuchte ich mit einer kleinen Gruppe von Gästen aus dem Ressort, unter Führung von Pit, eine **Pferderennbahn**. Mit den Rollern brauchten wir nur ein paar Minuten vom Ressort. Das war vielleicht eine *Gaudi*, wie auf einem Volksfest.

Die Thai entpuppten sich als die reinsten *Multizocker*. Sie wetten bei staatlichen Lotterien. Vorwiegend allerdings bei den illegalen Losbuden, deren Lose überall von den Losverkäufern über Bauchläden angeboten wurden. Zum Pferderennen erschien die ganze Familie, mit Kind und Kegel, Decken und Mahlzeiten, um gleich auf dem Rennplatz, auf den umliegenden Grünanlagen, ein Picknick zu veranstalten.

Wir waren zu fünft und absolute *Exoten* auf dem Platz. Ich bekam über die ganzen Stunden nur noch zwei andere **Farangs** zu Gesicht. Das erste Rennen startete um 13:00 Uhr und endete mit dem 10. Rennen um 17:00 Uhr. Wir setzten auf jedes Rennen **20 Baht**. Ich gewann jedes zweite Rennen. Meine Kenntnisse, was Pferderennen anging, waren gelinde gesagt mit gleich Null zu bewerten.

Ich setzte immer auf das Pferd, welches mir am besten gefiel. Warum ich fast immer richtig lag ist mir heute noch ein Rätsel. Auf jeden Fall hatten wir einen Riesen Spaß. Jeder von uns gewann wenigstens ein Mal und so machten wir keinerlei Verluste. So mancher Thai konnte das leider nicht von sich behaupten. Sie nutzen für ihre Wetteinsätze richtige Wettpläne. Der Einsatz pro Wette unterschied sich von unserem auch gewaltig. Das war sicher ein Grund, weshalb sich die Gewinne der Spieler in Grenzen hielten.

Im Ressort angekommen wurde dann das gewonnene Geld fast wieder auf den Kopf gehauen, weil wir natürlich ein paar Runden ausgaben. Ich wurde dabei als absolute Sensation gehandelt. Das *Greenhorn* machte immerhin einen **Gewinn von 380 Baht**.

5 Zocken auf der Pferderennbahn

Am Sonntag fuhren wir mit unseren Rollern zu einem netten kleinen Restaurant, das unter deutsch/thailändischer Bewirtschaftung stand. Sie waren noch nicht so ganz fertig mit ihrem kleinen Anwesen. Der Inhaber kann auch immer nur drei Monate bleiben, weil er in Deutschland noch eine Gärtnerei betrieb und die Saison dafür im Mai wieder anfing. Über die Wintermonate konnte er die Gärtnerei schließen und für diese Zeit nach Thailand gehen.
Das Essen war ausgezeichnet und das Ambiente wirklich sehr schön. Man merkte, das da ein Fachmann am Werke war. Er legte einen kleinen Teich an, über dem sich ein künstlicher Wasserfall in Kaskaden in den Teich ergoss. Alles war sehr ordentlich und sauber und wir fühlten uns sehr wohl bei den Beiden.

Ich berichtet ja schon von meinen diversen **Exkursionen mit einem Motorroller** durch die Lande. Im Großen und Ganzen empfand ich das Fahren wirklich nicht als sonderlich gefährlich. Vorausgesetzt man war ausgesprochen aufmerksam und behielt immer alles im Blick.
Thomas war nicht begeistert von meiner Euphorie, weil er in den Jahren, seit er hier lebte schon viele schlimme Unfälle mit erlebt hatte. Manche dieser Unfälle verliefen für einige Mopedfahrer auch schon mal tödlich. Das war keineswegs von der Hand zu weisen.
Ich hatte auch schon gelesen, dass die meisten Menschen in Thailand bei Verkehrsunfällen ums Leben kämen. Deshalb fuhr ich auch nur am Tage, bei Dunkelheit verkniff ich es mir. Die größte Gefahr ging von den LKW aus, die Zuckerrohr und andere Güter transportieren. Die Zeit nach Sonnenuntergang galt deshalb als besonders problematisch und sehr gefährlich. Die LKW wurden heillos überladen und die Fahrer waren oftmals todmüde. Den ganzen Tag beluden sie die Wagen, um dann mitten in der Nacht zu ihrem Bestimmungsort abzufahren. Am Tage sah ich wirklich kaum Probleme sich mit dem Roller durch die Lande zu bewegen.

19. Februar 2013 – Busfahrkarte nach Chiang Mai

Auf dem Weg zum Busbahnhof um meine Fahrkarte nach **Chiang Mai** zu kaufen lernte ich noch einiges mehr von **Udon** kennen. Der Busbahnhof lag außerhalb der Innenstadt, was mir bis dahin nicht bewusst war.

Zu erst fuhr ich zum Busbahnhof in der Stadt, dem bekannten, von dem aus ich bisher all meine Fahrten unternommen hatte. Dort erfuhr ich, von netten Polizeibeamten, dass der **Bus nach Chiang Mai** von eben jenem außerhalb liegenden Busbahnhof abfuhr. Die netten Gesetzeshüter schlugen mir vor ein Taxi zu nehmen.

Es amüsierte sie zu sehen, dass ich mit einem Roller gekommen war. Sie händigten mir sogar eine Karte aus, auf der alles eingezeichnet war, was **Udon Thani** an Sehenswürdigkeiten zu bieten hatte, nur fehlten die entsprechenden Fahrwege. Nur ein markanter Punkt war eingezeichnet, den ich kannte und zu dem ich ohne Probleme hinfinden konnte. Nach ein paar Runden durch kleine Seitenstraßen, und einer Nachfrage in einem *Seven Eleven Shop,* fand ich tatsächlich den Busbahnhof, der als solcher schwer zu erkennen war, weil er auf dem Hinterhof einer Tankstelle angesiedelt war. Auf der Rücktour stellte sich dann heraus, dass ich zwar einen weiten Umweg gefahren war, dadurch aber wieder die Möglichkeit bekam, ein anderes Stück der Stadt zu erkunden.

Am nächsten Tag war ich mit dem Fritz, einem Gast im Ressort, zu einer Geburtstagsfeier eingeladen. Eigentlich wollten wir die 40 km bis zu dem kleinen Ort, an dem die Feier statt finden sollte, mit dem Roller fahren. Das würde allerdings bedeuten, dass wir dann erst in der Dunkelheit zurück fahren würden.

Wir nahmen deshalb das Angebot von Thomas an, einen Wagen bei ihm aus zu leihen. Wir sollten nur den Tank auffüllen, was ausgesprochen nett von unserem Ressortchef war. Die Fahrt war dann für mich eine Premiere, weil ich zum ersten Mal in Thailand mit einem Auto fahren werde.

20. Februar 2013 – Geburtstagsgast

Das Geburtstagskind war noch gar nicht anwesend, als Fritz und ich eintrafen. Wir waren die ersten Gäste. Jürgen hieß uns auf seinem wunderschönen Anwesen *Willkommen* und informierte uns darüber, dass seine Frau noch im Dorf sei um sich besonders schön für ihre Gäste herrichten zu lassen.
Als sie dann kam war sie wirklich sehr ansehnlich. Nach und nach erschienen dann auch die restlichen Gäste. Der Hausherr hatte sich als Bäcker versucht und verwöhnte uns mit seinen selbst gebackenen Kuchen, die köstlich schmeckten.

Zu seinem Anwesen gehörte nicht nur der liebevoll gestaltete große Garten sondern auch noch eine frisch angelegte **Plantage** mit jungen **Kautschukbäumen** und diversen anderen Nutzpflanzen.
Um den **Kautschuk** ernten zu können müssen die *Bäume etwa sieben Jahre alt* sein. Er hatte seinen ersten vor einem halben Jahr gepflanzt.

Es wurde ein sehr netter Abend. Fritz und ich verließen die Party so gegen 21:00 Uhr. Natürlich hatten wir uns auf der Rücktour verfahren, in der Dunkelheit den richtigen Weg zu finden, gestaltete sich eben schwieriger.
Wir kamen beim **Busterminal II** raus, von dem ich in zwei Tagen nach **Chiang Mai** abreisen würde, und mussten uns nun durch die ganze Stadt kämpfen. Abends füllte sich die Stadt immer zusehends.
In Thailand fand das familiäre Leben nach Sonnenuntergang statt. Es waren viele Menschen unterwegs. Autos und Motorräder parkten wild am Straßenrand und wir hatten manchmal Mühe eine Fuhrt durch all die Blechlawinen zu finden. Ich meisterte meine erste Fahrt aber gut, ohne Beule oder Kratzer an Thomas Wagen erreichten wir das Ressort.

21. Februar 2013 – Letzter Abend in Udon Thani

An meinem letzten Abend wollte uns Pit noch zu einer besonderen Veranstaltung führen.
Am **Don Prajak Lake**, am Ende der Stadt, befand sich ein thailändisches Restaurant in dem junge Leute thailändische Lieder sangen. Junge Frauen und junge Männer gaben dort, mal mehr mal weniger, ihr stimmliches Können zum Besten.

Die Sängerin und ich

Das Besondere daran war, dass diese jungen Leute damit ihr Geld verdienten. Die Gäste erwarben Blumenkränze für **20 Baht** pro Stück, die sie dann der oder dem ausgewählten Sänger um den Hals legten.

Die **Künstler** gesellten sich dann an den Tisch und man konnte sich mit ihnen unterhalten und sie zu einem Getränk einladen.

Wir hatten auch einer jungen Frau ein paar Kränze gestiftet und sie setzte sich zu uns, trank aber nur Wasser. Zu meinem Erstaunen sah sie um einiges jünger aus, als sie tatsächlich war. Sie hatte vor einigen Tagen ihren 37.Geburtstag gefeiert und war Mutter einer sechzehn jährigen Tochter. Man konnte sich bei den Frauen in Thailand schon mal *mächtig* im Alter verschätzen.

Um ein Uhr nachts wurden wir dann von unseren beiden, vorher bestellten, TukTuk abgeholt und ins Ressort zurück gebracht.

6 Abschied in Udon Thani, auf nach Chiang Mai

*Wenn der Wind des Wandels weht,
bauen die einen Schutzmauern,
die anderen Windmühlen.* Konfutius

22. Februar 2013 – Abschied in Udon Thani, auf nach Chiang Mai

Am Morgen erlebte ich dann noch eine nette Überraschung.
Einer der Gäste war in der Nacht Vater einer kleinen Tochter geworden. Marco und seine Frau Pat mussten noch in der Nacht in die Klinik fahren und, wie uns der stolze Papa erzählte, hatte es Pat sehr schwer. Sie hat die *Figur eines Kindes* und bekam eine **Tochter in Faranggröße**. 3400 Gramm wog das kleine Prinzesschen. Ich ließ es mir nicht nehmen noch in die Klinik zu fahren und der tapferen Mama zu gratulieren.
    Markus, unser Bäcker, wollte etwas für das Geschenk, das ich besorgte, dazu geben. Ich fuhr mit dem Roller ins *„BigC"*, einem der zahlreichen **Einkaufcenter in Udon**, und erwarb einen Geschenkkarton mit einer Erstausstattung, Babypflegeprodukte und einen Elefanten. Der *Elefant* war für die kleine Familie gedacht, er sollte sie immer beschützen und ihnen *Glück bringen*.

Am Abend brachte mich Thomas pünktlich zu meinem **Nachtbus nach Chiang Mai** und damit ist mein Aufenthalt in Udon Thani beendet, was ich mit einem lachenden und einem weinenden Auge für die nächsten zwei Jahre zurücklassen musste.

Es ist mir ein Bedürfnis den Menschen dort und im Besonderen dem *„Thomasresort"* einen eigenen Abschnitt in meiner Geschichte zu gönnen. Ich werde versuchen allen beschriebenen Personen gerecht zu werden und alles was ich schreibe entspringt meiner eigenen Empfindung. *Vorsichtshalber entschuldige ich mich schon mal bei allen, die sich in meiner Geschichte ungerecht behandelt fühlen sollten.*

Das „*Thomasresort*" ist nicht einfach nur eine Hotellerie und Gaststätte sondern ein Hort in dem man sich einfach nur wohl fühlen kann. Thomas ist seit vielen Jahren in Thailand und mit Nee verheiratet. Sie haben zwei erwachsene Kinder und einen kleinen Enkelsohn, den der Thomas vergöttert. Ist auch verständlich denn der kleine Knirps ist wirklich *herzallerliebst*.

Er hat das Ressort zu einer *Wohlfühloase* gemacht.
Ein liebevoll angelegter tropischer Garten, sehr geräumige, gemütliche Bungalows und nicht zu Letzt ein schöner Pool in der Mitte der Anlage. Das Restaurant ist offen mit einem kleinen Bartresen an dem sich die Gäste trafen und sich kennen lernten.

Ich hatte niemals erlebt, dass man lange dort alleine saß und niemanden zum unterhalten fand. Wenn man, wie ich, länger als nur ein paar Tage dort wohnte, lernte man viele Menschen aus allen Himmelsrichtungen und Nationen kennen.

Dann gab es natürlich noch die Stammgäste, die von außerhalb zu Besuch kamen, um sich wieder einmal in ihrer Muttersprache unterhalten zu können. Viele dieser Gäste leben bereits seit langer Zeit in Thailand, und oftmals im Dorf der Frau an ihrer Seite.

Für sie war es sicherlich auch schön, mal die ganze Familie um sich zu haben, aber wir Europäer gewöhnen uns nicht so schnell an eben diese Lebensweise. Auf Dauer konnte es auch anstrengend sein das Dorfleben mit all seinen typischen Gegebenheiten hautnah mit zu erleben. Da brauchte der Eine oder Andere doch ab und zu die Annehmlichkeiten einer ruhigen und sauberen Umgebung.

Nicht zu vergessen die sprachlichen Barrieren, die sich doch immer wieder auftaten, auch wenn viele **Farangs** bereits *recht gut* Thai zu sprechen in der Lage waren.

Zu den Annehmlichkeiten bei Thomas zählte sicher auch das ausgezeichnete Personal, das sehr umsichtig und immer freundlich behilflich war, auch wenn man mal ein Telefonat in Thai erledigen musste. Thomas gehört außerdem noch der **Touristenpolizei** an und kann auch bei Rechtsfällen behilflich sein. *Kurzum, man fühlt sich im „Thomasresort" heimisch.*

Einer der auswärtigen Gäste war Ronald.
Er lebte auch bereits viele Jahre in Thailand und war nicht nur ein guter Freund, sondern auch der Stellvertreter von Thomas sollte der sich mal für längere Zeit nicht im Ressort aufhalten.

6 Abschied in Udon Thani, auf nach Chiang Mai

Ronald ist ein ganz besonderer Mensch. Meistens gut gelaunt und immer zu einem Spaß aufgelegt, wobei er dabei so trocken vorgehen konnte, dass man überlegte, ob er es Ernst meinte oder nicht. Wenn man ihn eine Weile kannte, durchschaute man seinen Witz dann doch recht schnell. Er war mit einer der Angestellten von Thomas, mit Namen Lai, einer sehr lieben Thailänderin, befreundet.

Ronald ist auch eine *prima Quelle* bei allen Fragen die sich um den PC drehen und nicht zu vergessen, bei allen Fragen nach den besten Orten in Udon wo *„Mann"* sich amüsieren könnte. Ronald war mir, wie einige Andere, sehr ans Herz gewachsen.

Ein anderer Auswärtiger Stammgast war Andi.
Er lebte mit seiner Frau Ratana in einem schönen Haus in der Nähe vom Ressort. Andi kam vor über zwei Jahren aus der Umgebung von Stuttgart nach Thailand um hier zu leben. Während meines Aufenthaltes reiste er für längere Zeit nach Deutschland um seine alten Eltern zu besuchen und sich einer eingehenden, ärztlichen Untersuchung zu unterziehen.

Er war seit vielen Jahren Diabetiker und kämpfte mit Nachwirkungen dieser Krankheit. Ich hoffte bei meiner Abreise aus Udon sehr ihn gesund in zwei Jahren wieder zu sehen.

Dann ist da Pit, das *Urgestein eines Berliners*.
Er ist seit Jahrzehnten mit Thomas befreundet und lebte schon viele Jahre im Ressort. Er überwinterte dort und ging dann zurück nach Eberswalde um zu arbeiten und sich seinen nächsten Thailandaufenthalt zu verdienen.

Man könnte ihn als *Lebenskünstler* bezeichnen, dessen Herz am rechten Fleck saß. Sein größter Wunsch war es für immer in Udon bleiben zu können. Auch er war ein liebenswerter Mensch und ich habe auch ihn fest in mein Herz geschlossen.

Marco und Pat, das frisch gebackene Elternpaar, lernte ich erst bei meinem jetzigen Besuch in Udon kennen. Auch Marco möchte gerne ganz in Thailand bleiben, doch er war erst Mitte dreizig und so brauchte er einen Job. Von Beruf war er Flugzeugmechaniker und scheinbar interessierte sich eine englische Firma für ihn.

Ich drücke Ihm ganz fest die Daumen, damit er ein Standbein im Land seiner Frau findet. Auch für sein zweites Standbein, einen Onlineshop mit thailändischen Wellnessprodukten, den er zusammen mit Pit betreibt, wünschte ich ihm viel Erfolg.

Markus war ein sehr angenehmer, lustiger Bäcker aus der Schweiz. Er gehörte zu den Gästen, die immer wiederkamen, wenn sie eine Zeitlang bei der Familie der Frau in deren Dorf gelebt hatten. Falls er glaubte er könne sich nun im Thomasressort auf die faule Haut legen, war das ein Trugschluss. Seit dem er ein mal seine Brotbackkunst demonstriert hatte, konnten wir nicht mehr ohne sein köstliches Brot auskommen.

Er backte dann an einem Tag so um die zwanzig Brote für Thomas, wovon mir eines von Thomas mit nach **CM** *(Abkürzung für Chiang Mai)* gegeben wurde, was mich sehr erfreute.

Markus plante für immer nach Thailand zu kommen und in Udon eine Bäckerei mit einem kleinen Café zu eröffnen. Ich wäre ihm als Stammkundin gewiss. Ihn und seine Frau wieder zu sehen gehörte damit zu einem der Highlights meines nächsten Besuches bzw. meiner Umsiedlung nach Udon.

Dann haben wir da noch Rolf, den ich eigentlich erst recht spät kennen lernen durfte. Er war ein sehr ruhiger und ausgeglichener Mensch, jedenfalls gewann ich diesen Eindruck.

Auch er wohnte schon lange in Udon und besuchte das Ressort regelmäßig, um eine Cola oder ein paar Lipton Ice Tea zu trinken. Dabei war er mir mit Auskünften auch sehr hilfreich. Durch ihn bekam ich die Adresse meiner Unterkunft in **CM**. Er war ein *weitestgehend praktizierender Buddhist* und verbrachte auch schon einige Tage in einem Kloster um zu *meditieren*.

Von ihm bekam ich zum Abschied einen kleinen Schrein geschenkt, der bei mir zu hause in der Nähe meines Geisterhäuschens seinen Platz bekommen wird. Ich freute mich sehr über dieses Geschenk.

Er wollte am 07. März nach **CM** kommen um sich mit einem Freund zu treffen, mit dem er ein paar Tage später nach **Krabi** weiter reisen wollte. Wir verabredeten einen Tag um uns zum Essen zu treffen.

Bei Jürgen und seiner Frau war ich mit Fritz zum Geburtstag von Phaeng eingeladen. Über diesen Besuch berichtete ich schon an anderer Stelle ausgiebig.

Dann sind da noch Udo aus der Eifel mit seiner reizenden Frau, dessen *coole* Art immer wieder für Lacher sorgte, und Jop aus Australien der mit Liebeskummer zu kämpfen hatte, oder ein Landsmann von ihm, der sich seine Zähne in Udon machen ließ. Ich hätte ihn gerne mit neuem Gebiss gesehen, hat sich aber nicht ergeben.

6 Abschied in Udon Thani, auf nach Chiang Mai

Zu guter Letzt war da noch Wolfgang aus Hamburg. Er kam mit seiner Frau und seiner Mutter. Die alte Dame war 82 Jahre alt. Die Familie wollte testen, ob eine Übersiedlung nach Thailand mit der Mama zu bewältigen wäre.

Als sie ankamen nutzte die alte Dame noch eine Gehhilfe, die sie ein paar Tage später, zu ihrer Freude, bereits beiseite gestellt hatte. Ich würde mich freuen, sie alle in zwei Jahren wieder zu sehen.

Ich kann nicht alle Gäste beschreiben, die ich in den vier Wochen kommen und gehen sah. Die meisten von ihnen werde ich wahrscheinlich bei meinem nächsten Besuch wieder sehen.

Meine Busreise durch die Nacht nach **Chiang Mai** war ausgesprochen empfehlenswert. Ich saß alleine auf einem Sitz der an die Businessclass eines Flugzeugs erinnerte und mich sogar zeitweise schlafen lies. Ich erreichte **CM** um 5:30 Uhr nach nur neun Stunden Fahrt.

Die Strecke war zeitweise sehr kurvenreich, doch ich hatte vollstes Vertrauen zu den routinierten Fahrern, die nur eine kurze Pause einlegten um sich abzuwechseln.

Als ich gegen 6:30 Uhr meine Unterkunft erreichte, war noch keiner vom Personal vor Ort. Das Haus machte einen guten modernen Eindruck und sah sehr ordentlich aus. Beim Einchecken wurde mir dann noch eröffnet, dass ich eine **Kaution** in gleicher Höhe wie die Miete, **8000 Baht** hinterlegen müsse, was mein Budget ziemlich strapazieren sollte. Nun blieb mir nichts anderes übrig, als die nächsten Tage *etwas sparsamer* zu leben, bis mein Geld aus Deutschland wieder aufgefüllt sein würde.

Kurz nach meiner Ankunft bekam ich schon lieben Besuch. Der Peer, meine Urlaubsbekanntschaft aus **Nong Khai** vom letzten Besuch in Thailand, besuchte mich mit seinem tollen neuen Motorrad, das er sich hier in **CM** zugelegt hatte.

Wir verabredeten weitere Treffen, sobald ich mir ein Moped ausgeliehen hatte. Er würde mir einiges von der Umgebung zeigen wollen die er durch seine zahlreichen Besuche hier schon gut kannte.

Bisher war ich jeden Tag unterwegs. Ich lief die **Altstadt** schon weitestgehend ab und sammelte dabei Prospekte von Sehenswürdigkeiten ein, die bei einigen Hotels auslagen.

Für manche der Attraktionen entschied ich mich bereits bei der Lektüre der Prospekte. *In erster Linie möchte ich Elefanten erleben.*

Dieser Wunsch war ein entscheidender Grund für meinen Aufenthalt in **CM**. Es gab diverse **Elefantencamps** in der Umgebung.
Ich entschied mich für den *„Baanchang Elephant Park"*, etwa eine Stunde Fahrzeit Richtung Norden.
Dort wurde dem Besucher die Möglichkeit geboten, einen Tag oder auch mehrere Tage, hautnah mit den wunderbaren Tieren zu verbringen. Man bekam *seinen eigenen Elefanten* zur Verfügung gestellt, den man mit einem **Mahout** zusammen füttern, baden und selbst auf ihm reiten durfte. Die Parkbetreiber waren weltweit für die Artgerechte Haltung der Tiere bekannt. Auf dieses Erlebnis freute ich mich ganz besonders.

Ein **„***Canopyausflug***"** **durch den Urwald** zu machen stand ebenfalls auf meiner Wunschliste. Es gab ein Unternehmen, das sich *„Flying Gibbons"* nannte. Dort wurde man in schwindelerregender Höhe an Drahtseile gekettet und sauste von Baum zu Baum.

Von besonderem Interesse war außerdem einen **Thai Kochkurs** zu absolvieren und einen Tag in einem Spa zu verbringen um mich verwöhnen zu lassen. Wie es aussah werde ich ereignisreiche vier Wochen haben über die ich dann berichten kann.

Meine täglichen Spaziergänge entlang der nahen Hauptverkehrsstraße führten mich schon zu so manchen schönen Bereich in der Stadt.
Am ersten Tag entdeckte ich in der Altstadt ein nettes kleines Restaurant. Die Betreiber kochten ihre angebotenen Mahlzeiten nach ökologischen Prinzipien. Sie verwendeten nur ungeschälten Reis und frisches Gemüse aus der Bergregion. Das Beste war, dass man dort einen vorzüglichen Kaffee anbot.
Nur das Publikum entsprach nicht so ganz meinem Geschmack. Überwiegend tummelten sich dort schmuddelige Backpacker und Ökofreaks. Nicht, das ich etwas gegen das Reisen mit einem Rucksack hätte, ich gehörte schon oft zu dieser Gruppe Mensch.

Allerdings lernte ich dabei viele Leute kennen, deren Ansichten mir suspekt erschienen. Auf der einen Seite propagieren sie diese besondere Art des Reisens und auf der anderen Seite hinterließen sie oft ihren Müll an den Stellen, die sie für Rastpausen nutzten. In meinen Rucksack gehörten neben Hygieneartikeln immer auch Müllbeutel.
Ich verabscheute jede Art von Selbstdarstellung, und selbsternannte Ökotouristen gehörten an die erste Stelle. Wenn ich mich um die Natur und die Umwelt sorgte und der Meinung war meine zotteligen

grauen Haare seien ein Indiz dafür, dann hatte ich wohl nichts begriffen. Man konnte sich sehr wohl auch mit Naturprodukten pflegen.

Genug, davon.
Als ich am späten Abend einen weiteren Spaziergang unternahm war ich enttäuscht. Ich dachte auf Grund dessen, das in der Altstadt fast ausschließlich Touristen zu finden seien, wäre dort am Abend mehr los. Leider waren die Gassen wie leer gefegt. Ich hätte vielleicht weiter in Richtung **Ping River** gehen müssen, doch den Weg werde ich erst mit dem Moped zurück legen.

Sonnenaufgang in Chiang Mai

26. Februar 2013 – Bummeltour durch Chiang Mai

An diesem Abend folgte ich der **Hauptstraße** in die entgegen gesetzte Richtung. Etwas abseits, versteckt zwischen einer Autowaschanlage und anderen geschlossenen Geschäften, gab es ein kleines japanisches Restaurant. Ich aß das erste **Sushi** auf meiner Reise, es war köstlich und *spottbillig*. Die Bedienung, durch immer lächelnde und reizende Mädchen, war ausgesprochen aufmerksam.

Ein kleiner Junge mit ein paar Tütchen voller himmlisch duftenden **Jasminblüten**, die zu einer doppelreihigen Kette gefädelt waren, bot sie zum Kauf an. Ich erwarb eines für **20 Baht** und hängte es in meinem Kleiderschrank, wo es seinen lieblichen Duft auf meine Kleidung verströmte.

Nach dem Essen bummelte ich noch entlang einer Straße mit westlich geprägtem Ambiente.

Man kann dort italienisch Essen gehen oder bei einer Art „*Starbucks*" Kaffee und Kuchenspezialitäten probieren. Die Geschäfte zeigten Antiquitäten und schicke Modeboutiquen für ein besser betuchtes Klientel.

Hauptstraße von Chiang Mai

Die Architektur war, gestaltet mit viel Glas, Licht und ausladenden Terrassen, schön anzusehen. Sicherlich könnte man auch dort einen schönen Abend verbringen, wenn man etwas tiefer ins Portemonnaies zu greifen bereit war.

Zurück in meiner Unterkunft musste ich leider feststellen, das es doch sehr laut war. Ich schlief die ganze Nacht sehr unruhig, weil bis in die frühen Morgenstunden der Verkehr tobte. Meine nächste Anschaffung werden Ohrstöpsel sein, die ich hoffentlich in einer Apotheke bekam.

Ein Wat an der Straße

Guesthäuschen der ganz anderen Art

27. Februar 2013 – Motorradausflug

Peer rief an und fragte mich, ob ich Lust hätte mit ihm zu einem **See** zu fahren, um ein wenig zu relaxen. Er wollte mich gegen 14:00 Uhr mit seinem Motorrad abholen. Was für eine tolle Idee! Als dank werde ich ihn zum Essen einladen.

Gegen 14:00 Uhr stand mein Freund Peer mit seiner **Kawasaki-Cross-Maschine** vor meinem Condo. Er hatte einen Helm für mich mit gebracht und ab ging die wilde Fahrt. *Ich als Biker Braut.*

Auf der Schnellstrasse gab er dann richtig Gas, allerdings erst als ich ihm versicherte, dass ich keine Angst hätte. Was war das für ein Spaß. Bis ich plötzlich ohne Helm da saß. Diese Geschwindigkeit war eindeutig zu viel für den Mopedhelm. Peer wendete kurzerhand die Maschine und mein Helm lag auf der Fahrbahn fast unbeschädigt, obwohl schon diverse Autos die Stelle passiert hatten. Den Helm wieder auf dem Kopf ging es weiter, jedoch deutlich langsamer und ich hielt ihn vorsichtshalber mit einer Hand fest.

Wir passierten eine sehr schöne gepflegte Gegend und das Panorama, mit den im Hintergrund liegenden grünen Bergen, gefiel mir ausgesprochen gut. Zum See hinunter schlängelten sich ein paar Serpentinen und als wir endlich dort ankamen, mussten wir zu unserem Leidwesen feststellen, dass die kleinen Wasserhäuschen alle belegt waren. Peer fiel dann ein, dass heute die Ferien begannen, die zwei Monate dauern werden.

Wir parkten das Motorrad setzten uns erst einmal in eine der einfachen Thaiküchen und nach eineinhalb Stunden bekamen wir ein freies **Häuschen auf dem Seeufer**. Dort stand ein kleines Tischlein auf einer Bastmatte, die als Sitzunterlage diente. Wir bestellten etwas zu essen und teilten uns ein Bier. Dort saßen wir bis es dunkel wurde und haben uns über Gott und die Welt unterhalten.

Peer brachte mich wieder sicher heim und wir verabredeten ein weiteres Treffen sobald ich mein Moped gemietet hätte, um gemeinsam noch ein paar interessante Ausflüge zu unternehmen. Er wird dann auch mit seinem Moped fahren, denn mit der Kawasaki könnte ich nicht mithalten.

6 Bettelmönche im „Birdnest"

28. Februar 2013 – Bettelmönche im „Birdnest"

In der vergangenen Nacht konnte ich endlich ein mal gut schlafen. Mit der Nachtruhe war es hier im Condo nicht so ganz einfach. Zwar stand das Gebäude in einer Seitenstraße, doch die wurde auch recht stark befahren und dass leider auch bis tief in die Nacht hinein. Warum das gestern nicht so war, kann ich nicht sagen, doch der Lärm hatte mir wirklich nicht gefehlt. Der gesunde Schlaf lies mich am Morgen schon um 6:30 Uhr aufwachen.

Kurzer Hand war ich in meinen Kleidern und machte mich in den frühen morgen stunden auf den Weg in die Altstadt.
Mein Reiseführer empfahl die aufgehende Sonne für schöne Fotos von den **Tempelanlagen** zu nutzen. Außerdem wollte ich auch die Gelegenheit nutzen im *„Birdnest"*, dem kleinen **Café** vom ersten Tag, ein Frühstück ein zu nehmen.

Die Straßen waren noch erfreulich leer und die Luft noch frisch.
Das gefällt den meisten Touristen an **CM** besonders gut, das es sich am Morgen und am Abend abkühlte, und viele nutzten diese Zeit für einen Spaziergang. Mich eingeschlossen.
Auf meinem Weg durch die verwinkelten Gassen passierte ich auch die eine oder andere Schule, vor denen sich eine unübersichtliche Anzahl von Mopeds sauber am Straßenrand aufgereiht hatte. In der Nähe der Schulen dampfte es bereits aus Kesseln und Grills der Garküchen um den hungrigen Schülern ihr Frühstück zu bereiten.

Ich bummelte weiter durch die Gassen und betrat das eine oder Andere *Wat*, in denen die Welt still zu stehen schien. Diese Tempel strahlten immer eine besondere Atmosphäre aus, der man sich nicht zu entziehen vermag.
Sogar das Filmen in den Anlagen machte einem manchmal fast ein schlechtes Gewissen, weil man sich dem Eindruck nicht erwehren konnte, die *heilige Ruhe* zu stören. So lange man allerdings die Außenanlagen ablichtete gab es kein Problem. Im Innern der Tempel sollte man das Filmen und Fotografieren allerdings unterlassen.

Bettelmönche im „Birdnest"

Mein Rundgang führte mich am Ende dann zum *„Birdnest"*, das noch nicht geöffnet hatte. Ich setzte mich draußen an einen Tisch und wartete darauf, das sich das Rolltor heben würde.

Eine halbe Stunde saß ich dort, als eine der Angestellten mit ihrem Roller erschien und mir gleich mitteilte, das heute leider erst um 9:30 Uhr geöffnet werden könne, da man einen kranken Mitarbeiter ins Hospital bringen müsse. Ich könnte aber gerne so lange sitzen bleiben wie ich wollte, und sie entschuldigte sich mehrmals für diesen Umstand.

Also hatte ich noch jede Menge Zeit um mir noch ein paar kleine Gassen anzusehen. Ich wollte einige der schönen Blumen fotografieren, im Besonderen um sie meiner Freundin Maren zu zeigen, die eine Hobbygärtnerin ist und ihre Terrasse immer zu einem wahren Märchengarten gestaltet.

Als ich dann wieder am *„Birdnest"* ankam, waren alle bereits emsig beschäftigt, alles für den Tag vor zu bereiten. Der Boden drinnen und draußen wurde gefegt, die Tische abgewischt und weiteres Mobiliar auf den Gehsteig geräumt.

Nun bekam ich also mein heiß ersehntes Frühstück, bestehend aus einem **Local Porridge**, Milchkaffee, einem Glas Wasser und einem leckeren Juice aus frischen, gemischten Früchten.

Das Local Porridge war eine *Spezialität des Hauses*. Es wurde mit schwarzem und grünen Reis, frittierten Bananen, Kokosmilch und Honig serviert. Es schmeckte nicht nur köstlich, sondern sättigte auch sehr gut, so dass man bis zum Abendessen zufrieden gestellt war.

Ein Erlebnis der besonderen Art waren dann noch die **Bettelmönche**, von *deren Ritual* ich schon mehrfach gelesen, es aber noch nie erlebt hatte.

Zwei traditionell orange-braun gekleidete Mönche trugen jeder eine Schale vor sich her. Die eine Schale sollte für Mahlzeiten und die andere für Geld sein. Sie stellten sich dann, ohne ein Wort zu sagen, am Eingang eines Geschäftes auf und warteten. Aus dem *„Birdnest"* trat ein junger Mann aus der Tür, den ich als freundlichen und von innen heraus strahlenden Thai kannte, und gab jedem der beiden Mönche jeweils **20 Baht** in den Geldtopf.

Dann kniete er sich vor die Mönche hin faltete die Hände zur Stirn, dem hoch ergebenen *Wai*, und betete während die Mönche einen Singsang von Worten sprachen, die sicherlich aus einem heiligen Buch stammten.

Im Cafè „Birdnest"

Dann erhob er sich wieder, bedankte sich bei den beiden Mönchen und sie zogen weiter ihrer Wege. Als sie an meinem Tisch vorbei kamen und bemerkten, dass ich der Zeremonie interessiert gefolgt war, lächelten sie mir freundlich zu.

Am Ende meines Frühstücks machte ich mich auf den Weg in mein Condo, wusch ein paar Shirts und Unterwäsche aus, und vervollständigte mein Tagebuch.

Danach wollte ich etwas relaxen, bevor am Nachmittag noch ein mal eine Wanderung durch die Stadt anstand.

01. März 2013 – Ein Tag mit Peer

Ich verbrachte fast den ganzen Tag mit Peer.
Er nahm mich mit in sein Apartment, das etwas außerhalb der Stadt gelegen war. Wir fuhren mit dem Fahrstuhl in den zehnten Stock.
Das Apartment, das er bewohnte, war riesig. Es hatte, wenn ich mich richtig erinnerte, sechs Zimmer und vier Badezimmer, außerdem noch zwei Balkone, von denen aus man einen atemberaubenden Blick über die Stadt genießen konnte. Ansonsten war es ziemlich verwohnt. Es fehlte ein neuer Anstrich und die Bäder entpuppten sich auch nicht als die schönsten.
Das einzige, was ich toll fand, war die Aussicht aus dem zehnten Stock und dass man am Abend die beiden gegenüber liegenden Balkontüren öffnen konnte um kühle Luft ein zu lassen. Die meisten Mücken flogen natürlich auch nicht so hoch oben herum. Man sparte eine Menge Strom, weil man die Klimaanlage eigentlich nicht brauchte.

Gegenüber von dem Haus befand sich ein wunderschönes **öffentliches Freibad**, in dem der Peer doch tatsächlich noch nie war. Ebenso, wie niemand den Pool im Haus benutzte, der auf jeden Fall zum täglichen Fitnesstraining wunderbar geeignet wäre. Mein Kondominium hatte keinen Pool, was ich sehr bedauerte.
Gemeinsam besuchten wir dann noch seinen Freund Steve, der mit seiner Frau in der kommenden Woche ein Restaurant eröffnen wollte, über dem er dann auch wohnen würde. Die Arbeit daran war im vollen Gange und ich musste gestehen, dass ich mir nicht vorstellen konnte, dass sie die Eröffnung bis zum nächsten Wochenende hinbekommen könnten. Steve war jedenfalls guter Dinge und voll davon überzeugt, das es klappen würde.

Des weiteren wurde ich Zeuge von typisch thailändischem Transportwesen. Steve verschenkte zwei große Matratzen, von denen eine zu Peer sollte und die andere zu einem seiner Handwerker nach hause.
Kurzerhand wurden beide Matratzen auf das Dach eines Pickup Van gestapelt, an einer Ecke mit einer Schnur festgezurrt, und die restliche Sicherheit übernahmen der Handwerker und seine Frau, die

6 Ein Tag mit Peer

hinten auf der Ladefläche mitfuhren und den Transport mit Muskelkraft in Position hielten. Ich sollte mit meinem Moped hinterher fahren und Peer dabei behilflich sein, das Ding mit dem Fahrstuhl in sein Apartment zu bugsieren.

Alles bestens geplant, doch die Umsetzung haperte leider daran, dass ich mich total verfuhr und erst an Ort und Stelle eintraf, als schon alles getan war. So konnte man sich natürlich auch um die Arbeit drücken.

Als ich dann im Dunkeln von Peer in Richtung Heimat los fuhr, konnte ich der Versuchung nicht widerstehen eine andere Strecke zu nehmen als die, die ich bereits kannte.

Und, was soll ich sagen, ich verfuhr mich dieses Mal so total, dass ich tatsächlich am ganz anderen Ende der Stadt ankam und einen riesigen Bogen fahren musste bis ich am Condo ankam. Ich schwor mir, nie wieder Strecken zu fahren, die ich nicht kannte, schon gar nicht in der Dunkelheit.

Bekanntlich seien ja alle Katzen grau, auf jeden Fall sahen alle Wege gleich aus. Gott sei Dank hatte ich wenigstens einen vollen Tank.

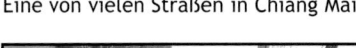
Eine von vielen Straßen in Chiang Mai

Ein CM-Dschungel-Cafè

Das große Central Center - ein Kontrast zur Dschungel Idylle

6 Ausflug zum Doi Suthep

02. März 2013 – Ausflug zum Doi Suthep

Gleich am Morgen buchte ich mein **Abenteuer ins Elefanten Camp**. Am kommenden Montag morgen, um 8:00 Uhr, werde ich vom Betreiber des Camps eingesammelt und dann geht es ab in den Dschungel zu meinen *geliebten Dickhäutern*.
Der heutige Tag war der reine Buchungstag. Mein Flug mit *„Thai Airways"* am 28. März und die Übernachtung am *„Suvarnhabumi Airport"* in **Bangkok** waren auch erledigt. Meine Heimreise war also auch gesichert.

Nach meinem Buchungsmarathon machte ich mich auf den Weg zum **Doi Suthep,** dem *höchsten Berg* von **Chiang Mai**. Oberhalb von etwa 1300 Metern befand sich ein Tempel mit einem angeschlossenen Kloster, von dem aus man wohl eine besonders schöne Aussicht haben soll.

Durch noch recht gut erhaltenen Wald wand sich die Straße wie eine Schlange den Berg hinauf. Mit dem Motorroller kein Problem, vielleicht sogar noch besser, als mit dem Auto. Man konnte die Fahrt einfach mit allen Sinnen genießen.
Nach ein paar Kilometern bergauf eröffnete sich links vor mir ein Aussichtspunkt. Auf einem Plateau war ein offener Pavillon gesetzt worden, vor dem sich ein kleiner Stand befand. Die netten Leute verkauften mir eine frische Kokosnuss und ich wurde das erste Mal enttäuscht. Die Aussicht musste schon wirklich schön sein, wenn es denn etwas zu sehen geben sollte. Schemenhaft konnte man die Stadt durch einen dicken *Teppich von Dunst* erahnen.
Es ist nicht etwa so, dass **CM** unter mehr Smog zu leiden hätte, als andere Städte in der Größenordnung überall auf unserem Planeten. **Chiang Mai** wird in den Sommermonaten regelmäßig von **Brandrodungen** der Landbevölkerung heim gesucht und der Qualm der brennenden Felder legte sich dann wie eine Glocke auf die Stadt.
Das mit der Aussicht hielt sich also in Grenzen. Allerdings konnte man sich gut vorstellen, wie schön es sein musste, wenn die Luft klar sein würde.

Die nächste Enttäuschung war der Anblick der Transportutensilien, gespickt mit Menschenmassen, vor dem Eingang zu dem **Bergtempel**. Polizisten waren eifrig damit beschäftigt, die Flut ankommender Pickup, Songthaew, Limousinen, Minibusse und, *last but not least,* großer Reisebusse in den Griff zu bekommen. Die Männer taten mir richtig leid.

Bei steigenden Temperaturen, ohne die Aussicht auf einen Schattenplatz, standen sie den ganzen Tag mit ihrer Pfeife in der glühenden Sonne und versuchten das Chaos zu ordnen. Ich fuhr weiter den Berg hinauf und weg von diesem *Affentheater*. Sollte ich mir das antun? Ich würde darüber nachdenken.

Auf meinen Weg hinauf hätte ich fast einen kleinen Vogel überfahren, der wie angewurzelt mitten auf der Straße saß. Das konnte ich nicht über mich bringen, denn der nächste Autofahrer würde ihn sicherlich übersehen. Auf der abschüssigen Straße zu halten, und dann auch noch das Moped aufzustellen, war schon eine Kunst.

Der kleine Kerl ließ sich von mir in die Hand nehmen, erwachte aus seiner Starre, und flog davon. Er war bildschön, mit einem weichen blauen Federkleid, das zum Kopf hin in weißen und gelben Flaumfederchen endete. Es könnte ein junger **Eisvogel** gewesen sein.

Mit einem guten Gefühl in mir lief ich zurück zum Motorroller, der unversehns, wie in Zeitlupe, zur Seite zu kippen drohte. Anstatt ihn fallen zu lassen wollte ich ihn festhalten. Diese dumme Aktion brachte mir eine schlimme Schürfwunde ein, als ich auf dem Schotter ausrutschte und mit samt dem Moped ein paar Meter die Straße runter rutschte. Ich blutete sofort sehr stark, weil ich durch die Einnahme von Blutverdünnern da leider immer ein Problem habe.

Es blieb mir nichts anderes übrig, als darauf zu vertrauen an meinem nächsten Ziel Wasser und ein Pflaster zu bekommen. Das Ziel war der **Sommerpalast der thailändischen Königsfamilie,** dessen **botanischer Garten** der Öffentlichkeit zugänglich war. Vor dem Eingang zum Palast hatten sich zwar auch schon einige Touristen eingefunden, die waren aber kaum der Rede wert.

Ein kleines Dörfchen am Straßenrand hatte sich natürlich mit den üblichen Souvenirs und handgearbeiteten Häkelmützen angesiedelt und mir wurde gleich klar, dass ich hier wohl kein Verbandsmaterial bekommen würde. Als ich bereits damit abgeschlossen hatte meinen Ausflug fort setzen zu können, und in die Stadt zurück fahren zu müssen, kam ein rettender Engel daher.

6 Ausflug zum Doi Suthep

Eine Shopinhaberin sah meine Verletzung und bot mir an sie zu versorgen. Mit Watte und Desinfektionsmittel säuberte sie die Wunde vom Dreck der Straße, was nicht ganz schmerzfrei war. Als ich ihr Geld für ihre Hilfe anbot, lehnte sie dankend ab.
Ich wollte aber nicht so ohne weiteres das Geschäft verlassen und kaufte einen Hut, den sie im Angebot hatte. Nun konnte ich doch noch meine *Exkursion* fortsetzen und kaufte eine Eintrittskarte zum **Flowerpark der Königsfamilie**, was sich als äußerst lohnenswert herausstellte.

Am Eingang wurde von der Security geprüft, ob man standesgemäß gekleidet war. Sollte man unter den strengen Augen der Hüter von Zucht und Ordnung nicht bestehen, konnte man sich entsprechende Kleidung ausleihen. Mein Shirt hatte Ärmel und die Hose war auch lang genug, und so konnte ich passieren.
Die weitläufige Gartenanlage war wirklich einen Besuch wert. Die Beete waren liebevoll und mit viel Sinn für Details angelegt worden. Der besondere **Rosengarten** wurde von Ihrer *Majestät, Königin Sirikit*, noch immer selbst in Augenschein genommen. Sie förderte auch selbst die Züchtung von neuen Sorten. *Es duftete herrlich.*
In einem Gewächshaus rauschte ein angelegter Wasserfall zwischen den blühenden Pflanzen, die ebenso meisterlich von Gärtnerhand arrangiert waren.
Nicht nur das Auge und die Nase wurden in diesem schönen Park erfreut, auch die Ohren hatten ihr Vergnügen. Überall im Park begleitete den Besucher *liebliche Musik* aus den versteckten Lautsprechern. Ich konnte mir gut vorstellen, dass diese Umgebung für die Königsfamilie ein *Hort der Ruhe* und Entspannung war, den sie immer während der Sommerzeit bewohnte. Ob sie zur Zeit anwesend waren konnte ich nicht feststellen, da der eigentliche Palast den Augen und Ohren der Besucher nicht zugänglich war. Der König war schon ein alter und nicht mehr ganz gesunder Mann, deshalb dachte ich mir, dass es ihm hier wirklich gut ergehen würde.

Als ich schon dem Ausgang zusteuerte, sprach mich ein Securitymitarbeiter freundlich an. Er bedeutet mir, dass es noch etwas mehr zu sehen gäbe und schickte mich ein paar Stufen in Richtung Wald hinauf, denen ich folgen sollte.
Dieser **Abschnitt des Parks** nannte sich *„Farnwald"* und führte am Ende zum Wasserreservoir. Hätte ich diesen Weg versäumt, wäre das sehr schade gewesen.

Der Anstieg führte durch **gut erhaltenen Regenwald** zu einem riesigen Wasserbecken, in dem einige Fontänen installiert waren, die in regelmäßig wiederkehrenden Abständen, geschaltet wurden. Ein hübscher Anblick.

Auf einem Schild konnte ich lesen, dass ***Königin Sirikit*** persönlich für diese Anlage gesorgt hatte, damit die Menschen der Umgebung, in der Trockenzeit, immer über genügend Wasser verfügen könnten. Der Königin war es auch zu verdanken, dass der schöne Park der Öffentlichkeit zugänglich gemacht wurde.

Die Thais werden mit blühenden Blumen im Lande nicht sehr verwöhnt. Es ist zwar schön grün, doch Blühpflanzen gibt die Natur nicht so viele her. Die einzigen, auch wild wachsenden Blüten, sind **Orchideen** und **Bougainvilleasträucher**.

Ich beendete meinen Besuch mit dem Wunsch noch höher in die Bergwelt ein zu tauchen und machte mich auf den Weg in Richtung Gipfel. Der steile Pfad teilte sich an einer Stelle. Fuhr man nach links würde man in ein **Dorf der *„Humong"***, einem der **eingewanderten Bergstämme**, kommen.

In meinem Reiseführer hatte ich bereits gelesen, dass die Menschen dort zur Schau gestellt werden und man zu überhöhten Preisen gefertigte Souvenirs erwerben könne. Darauf hatte ich keine Lust. Also nahm ich die rechte Kurve und kam auf eine sehr schmale nicht befestigte Strecke, die auf einen Aussichtspunkt führte. Einheimische Frauen verkauften frisch geerntete **Erdbeeren**. Auf einer Bank am Abgrund ließ ich mich nieder und verputzte einen vollen Becher der köstlich schmeckenden Früchte.

Hier oben schien die Welt still zu stehen. Außer den Geräuschen des Dschungels war es mucksmäuschen Still und ich genoss die Ruhe sehr. Mein Entschluss stand fest. Ich wollte mich in das Getümmel am **Waldtempel** stürzen um das Heiligtum zu besuchen.

Ein anderer Motorroller Fahrer warnte mich davor weiter hoch zu fahren, weil es dort fast senkrecht in die Höhe gehe. Er meinte, die Auffahrt sei nicht das Schlimme, aber bergab käme man sich vor, als hätten die Bremsen den Geist aufgegeben und er sei froh wieder heil unten zu sein. Nun ja, lebensmüde war ich nun wahrlich nicht.

Am Tempel war die Hölle los. Himmel und Menschen, und Massen von fahrbaren Untersätzen.

6 Ausflug zum Doi Suthep

Ich hoffte nur, dass die meisten Leute bereits auf dem **Tempelberg** waren und auf dem Weg ihn zu verlassen. Es gab zwei Möglichkeiten hinauf zu kommen. Eine *schweißtreibende* Variante. Über Stufen deren Zahl ich nur schätzen konnte. Wie ich später erfuhr waren es *über* dreihundert. In der glühenden Sonne erschien mir diese Variante nicht nachahmenswert. Die zweite, weitaus *gemütlichere* Variante, mit einer **Zahnradbahn**, fand eher meine Zustimmung.

Der Tempel war wirklich sehenswert, wie alle großen Tempel in Thailand. Bei klarer Sicht bestimmt auch eine Augenweide.

Was diese Mönche da oben veranstalteten, grenzte wirklich am Rande des guten Geschmacks. Souvenirstände in allen Ecken. Der Segen und die **Vertreibung böser Geister** war natürlich auch *nicht umsonst*. Eine einzige Gelddruckanlage, aus den Taschen der Touristen, ob fremd oder einheimisch ist dabei egal, floß in die Taschen der Mönche.

Ich möchte gerne noch für meine Tochter und meine Nichte einen Anhänger mit einem **Buddha hinter Glas** mitnehmen. Ich dachte einen nach meinen Vorstellungen an diesem Ort zu bekommen. Leider Fehlanzeige. Die Dinger die dort angeboten wurden konnten auch aus einem Kaugummi Automaten stammen.

Meine Filmkamera und der Fotoapparat kamen jedoch auf ihre Kosten und so machte ich mich, über die steilen Stufen, wieder fort von diesem Ort. Nach so viel *Kommerz* brauchte ich wieder etwas für die Seele. Ein **Wasserfall im Nationalpark** schien mir die richtige Adresse zu sein.

Zuerst ging es ein paar Kilometer Schlangenlinie bergab, bis dann linker Hand der Eingang zum **Naturreservat** auftauchte. Wer nun glaubt, ein Wasserfall sei Allgemeingut, *der irrt*. Am Eingang wurden mir **120 Baht** abgenommen.

Meine Fahrt führte mich wieder drei Kilometer bergauf, bis zu einem Parkplatz an einer **Backpacker Anlage für Camper**. Den Rest des Weges musste man zu Fuß zurück legen.

Am Fuße einer natürlichen Treppe, die unmittelbar am Ende des Wasserfalls gelegen war, stand ein Hinweisschild. Darauf konnte man die einzelnen Abschnitte des Pfades ablesen, der zu den jeweiligen Zugängen zum Wasserfall führte. Ich wollte erst mal zu Abschnitt drei, der über 200 Höhenmeter zu erreichen sein sollte.

Für Fitness begeisterte Bergsteiger gab es mehrere Optionen. Der höchste Punkt lag dabei in 1950 m Höhe. Für mich hatte es sich gelohnt den Weg zu beschreiten. Der **Wasserfall** rauschte etwa von einer Höhe um die zehn Meter in ein Becken, bevor das Wasser seinen Weg nach unten fort setzte.

Außer meiner Wenigkeit war noch eine kleine thailändische Familie anwesend, deren kleiner Sohn sich am Rande des Beckens im Wasser amüsierte. Ich hatte ja eigentlich meinen Badeanzug angezogen, falls es möglich sein sollte unter dem Wasserfall zu schwimmen.

Ich ging nur bis an die Knie ins Wasser und wusch mir noch meine Blut verkrustete Wunde aus, erfrischte mich und genoss einfach nur die Atmosphäre. Etwas später kamen noch zwei junge Frauen und wir machten gegenseitige Erinnerungsfotos von diesem bezaubernden Ort. Der Not gehorchend machte ich mich auf den Heimweg. Ich wollte doch endlich meine Wunde versorgen. Im Umkreis meines Condos fand ich einen Drugstore, der alles notwendige, Desinfektionslösung, Watte, Jod, sterile Verbände und Klebeband, im Angebot hatte.

Abends wollte ich noch zum Essen ins ***„Birdnest"***. Ich hatte tatsächlich, bis auf die frische Kokosnuss am Morgen, den ganzen Tag noch nichts gegessen.

Flowerpark der Königsfamilie

Gebetsstelle im Wat Doi Suthep

Ein schöner Platz zum ausruhen

03. März 2013 – Mit dem Motorroller durch die Stadt

Den Sonntag verbrachte ich, indem ich mit meinem Motorroller zum *„Taipeh Gate"* fuhr, das am hinteren Ende der Altstadt gelegen war. Ich suchte mir ein kleines Café, von dem aus ich das bunte Treiben auf dem Platz beobachten konnte.

Auf diesem Platz fanden an den Wochenenden wechselnde **Events** statt. An diesem Tag war der ganze Platz zu einem Marktplatz umgestaltet worden. Viele Händler boten ihre Waren feil. Mir war dieser Touristenrummel ein *Gräuel*. Ich saß lieber in einiger Entfernung und sah dem Treiben zu.

Später setzte ich mich auf meinen Roller und fuhr, ohne ein besonderes Ziel im Auge zu haben, durch die Stadt. Ich wollte die Straßen besser kennen lernen.

Überall an den großen Straßen waren Essenstände aufgebaut, es roch so lecker, dass ich Hunger bekam. Auf dem Weg zurück zu meiner Unterkunft hielt ich an so einer Stelle an und gönnte mir ein köstliches Abendessen. Im Condo angekommen duschte ich und ging zu Bett. Am Morgen würde ich zu den *Elefanten* aufbrechen.

04. März 2013 – *Baanchang Elephant Park*

Pünktlich um 8:00 Uhr wurde ich von dem Guide des **„Baanchang Elephant Park"** vor meinem Apartment abgeholt. Wir klapperten einige andere Unterkünfte ab von denen wir noch andere Touristen abholen, die auch die gleiche Buchung wie ich für den Park in der Tasche hatten. Auf einige Mitreisende mussten wir länger warten, als vorgesehen, was unsere Ankunft im Camp um eine *volle Stunde* verzögerte.

Das Camp war so, wie ich es mir vorgestellt hatte. Einfache offene Holzhäuser, umgeben von *Natur pur* und - von **Elefanten**. Die Jumbos waren an einem Bein an Ketten befestigt, damit sie nicht einfach auf eigene Faust Ausflüge unternehmen konnten.

Als wir aus dem Van ausstiegen, wurden sie schon unruhig. Ankommende Autos bedeuteten schließlich, das Frühstück stand bevor. Unser Guide ***Ott***, so stellte er sich uns vor, erklärte uns, dass Elefanten niemals etwas vergessen würden. Weder einen bösen Menschen, der sie traktiert hatte, noch die freundlichen Menschen, die für ein leckeres Frühstück sorgten.

Der Umstand, dass wir zu der zweiten Gruppe zählten, machte es uns überhaupt möglich ganz dicht an die Tiere heran zu kommen. Bevor es aber so weit war wurden wir von ***Ott*** noch über die Tiere und den Sinn und Zweck des Camps aufgeklärt.

Der Parkbetreiber hatte sich 2004 von einem anderen, immer noch existierenden Camp getrennt, weil ihm die Methoden die dort angewandt wurden nicht zusagten.

Er wollte eine Heimat für vernachlässigte, geschundene und vergessene Elefanten errichten, die als Arbeitselefanten viele Jahre ihre Dienste leisteten und nun, seit es Baggern und Motorraupen gelungen ist ihre Arbeit zu übernehmen, nicht mehr gebraucht wurden.

Ein ausgewachsener Elefant vertilgt am Tage etwa 250 Kilo Futter. Es besteht nur zu einem kleinen Teil aus Bananen und Zuckerrohr. Ihre Hauptmahlzeit besteht aus Mais und anderen Getreidesorten.

6 Baanchang Elephant Park

Man kann sich vorstellen, was geschehen war. Die Elefanten wurden als *Show Objekte* an dubiose Unternehmen verschachert. Die Methoden, mit denen diese *Verbrecher* arbeiten, um die starken und intelligenten Tiere dazu zu bringen zu tanzen, auf zwei Beinen zu stehen und andere Kunststücke zu vollführen, sind gelinde gesagt *brutal und grausam!*

Einige dieser gequälten Tiere leben auch im **„Baanchang Elephant Park"**. Sie sind so traumatisiert, dass es nicht möglich ist sie zu berühren, das könnte für uns sehr gefährlich werden.

Sie lassen nur ihren vertrauten **Mahout** an sich heran und werden nur von *ihm* alleine durch den Dschungel geführt, damit sie Ihre Bewegung bekommen. Es wird alles getan, damit diese armen Kreaturen wieder Vertrauen aufbauen können und das einzig und alleine durch ***Liebe und Zuneigung.***

Einer der Elefantenbullen wurde so geschlagen, dass er *erblindete*. Andere Tiere wurden an der **Grenze zu Burma** dubiosen Händlern abgekauft, die ihre Elefanten *mit Drogen gefügig gemacht* hatten.

Im ganzen Camp lebten nur zwei Bullen, alles andere waren Kühe und zwei Babies. Zwei der **Elefantendamen** waren schwanger und erwarteten am Ende des Jahres **Nachwuchs**.

Ein kleiner Elefant war der bevorzugte Liebling aller. Irgend wann, so *Ott*, hatte er mal eine Touristin mit seinem Rüssel am Hals gesaugt, was sich anhörte, als gäbe er ein *Küsschen*. Nun kam jede Frau und wollte auch mal vom Baby *gebusselt* werden und flugs hatte sich das der kleine Kerl gemerkt, denn dazu bekam er immer eine *extra Portion* leckeres Zuckerrohr.

Das Frühstück bestand immer aus **Bananen und Zuckerrohr**, das hatte seinen Grund. Die Bananen enthalten viele Mineralstoffe und geben Energie, leider verstopften die Tiere, wenn sie zu viele der leckeren Früchte aßen.

Nun kam das Zuckerrohr ins Spiel. Es förderte zum einen auch die benötigte Energie und hatte zum anderen, durch die enthaltenen Pflanzenfasern, eine ausgezeichnete Wirkung auf die Verdauung der Dickhäuter.

Nachdem die *lieben „Kleinen"* abgefrühstückt waren sollten wir unsere Hände waschen, weil für uns der Mittagstisch gedeckt war.

Es gab ein leckeres Thai Menü, bestehend aus Gemüsesuppe, Reis, Huhn mit frischem Gemüse und frittierte Hähnchen Schenkel mit Kokosnuss Panade. Zum Nachtisch frische Ananas.

Nach dem Essen konnten wir noch etwas in den Hängematten relaxen, bevor wir mit ein paar **Kommandos für die Elefanten** vertraut gemacht wurden und das Ab- und Aufsteigen übten.
Das war wirklich nicht so einfach. Vor allem, stand der Elefant sofort auf, wenn er der Meinung war, sein Reiter hätte den richtigen Platz gefunden.

Nachdem wir alle nacheinander auf dem Rücken unseres *Jumbos* Platz genommen hatten steuerten wir in Begleitung des jeweiligen **Mahouts** den Dschungeltreck an.
Die Tiere kannten den Weg natürlich ganz genau, trotzdem versuchten sie ihre eigenen Pfade ein zu schlagen, was wir, mit Hilfe der ausgebildeten Führer zu verhindern hatten.

Die entsprechenden Kommandos waren wie folgt:

Non Lung - (*Non Lung*) **Hinsetzen**

Pai, pai - (*Pai, pai*) **Laufen, weiter gehen, dabei mit den Füßen hinter die Ohren detschen**

Quen - (*Quen*) **rechts oder links, jeweils mit Hilfe des gegenüber liegenden Fußes**

Hau - (*Hau*) **stehen bleiben, wobei man einfach auf den Kopf abgestützt Druck aus übt**

6 Baanchang Elephant Park

Die **Mahouts** nutzten ihre eigenen Befehle, die sie in *burmesisch* erteilten, weil die Männer *alle aus Burma* kamen und die Tiere fast ausschließlich von der **burmesisch-thailändischen Grenze** eingekauft wurden.

Nach einer halben Stunde erreichten wir den **Schlafplatz der Elefanten im Dschungel**, der für sie gerodet worden war. Dort machten wir Rast und stiegen von ihrem Rücken ab.

Ott erklärte uns, dass die Dickhäuter maximal fünf Stunden am Tag schlafen würden und dieser Platz der einzige war, an dem sie sich liegend zur Ruhe begaben. Die Rast hatten vor allem wir gebraucht. Das Gleichgewicht auf dem mächtigen Rücken zu halten war ziemlich anstrengend und unsere Muskulatur an solche Anspannung nicht wirklich gewöhnt.

Nachdem wir wieder alle auf dem Rücken der Tiere angekommen waren, ging es eine weitere halbe Stunde im Gänsemarsch Richtung *„Schwimmbad"*. Man merkte genau, das unsere vierbeinigen Gesellen sich auf das Bad im See freuten.

Bewaffnet mit einem *Eimer* und einer *Wurzelbürste* folgten wir ihnen in das kühle und morastige Nass und waren eifrig bemüht, ihnen den Schmutz von der Haut zu schrubben, was sie offensichtlich zu genießen schienen. Der eine oder andere *Spaßvogel* benutzte seinen Rüssel als Dusche und so waren wir genauso nass, wie die Tiere.

Unsere spätere Dusche mussten wir allerdings alleine nehmen und die nassen Anzüge, die wir am Anfang trocken bekommen hatten, landeten im Wäschekorb.

Als Fazit kann ich nur eines sagen:

Dieser Tag war der bisher schönste, den ich auf meiner Reise durch Thailand erleben durfte und ich habe mir geschworen ihn bei meinem nächsten Besuch unbedingt wieder in mein Programm mit auf zu nehmen.

Wir trugen uns, nach der Dusche, noch in das Gästebuch des Parks ein und nach einer ausgiebigen Pause wurden wir von Ott und seinem Fahrer wieder zu unseren Unterkünften chauffiert.

Am Abend gönnte ich mir noch eine sehr angenehme Ölmassage.

Der Baanchang Elephant Park

Ein Elefantenbaby außer Rand und Band

Vorsichtige Kontaktaufnahme - dieser Elefant wurde von seinen „Vorbesitzern" bis zur Erblindung grausam gequält. Nur sein neuer Mahout darf heute noch nah an ihn herran

Einfach zum knutschen!

05. März 2013 – Mopedrundtour durch die Berge

Dieser Tag sollte mit einer Einladung zum Frühstück bei Peer beginnen. In den letzten beiden Tagen hatte es kräftig geregnet und sich sogar um einige Grad abgekühlt.
Der Wetterbericht sagte für diesen Tag auch nochmal Regen und Gewitter an. Es sollte erst ab Mittwoch wieder sonnig werden. Mir machte das nichts aus. Ein wenig Abkühlung bedeutete doch schließlich *noch immer* 28 Grad.

Gegen halb zehn morgens trudelte ich bei Peer ein. Er hatte sein Apartment schon etwas wohnlicher hergerichtet.
Sein Freund Steven war ja ausgezogen und nahm natürlich alle seine persönlichen Sachen mit. Dazu gehörten eben auch diverse Möbelstücke und Dekoration.
In der Apartmentanlage konnte man aber Möbel ordern und Peer hatte zwei Sessel, sowie ein paar Schränke und Truhen bekommen, die er nun recht nett arrangiert hatte. Peer schien ein ganz ordentlicher Typ zu sein.

Das Kaffeewasser war schon heiß und wir machten uns ein kleines Frühstück, bei dem wir besprachen, wie wir den heutigen Tag gestalten wollten. Peer zeigte mir auf meiner Straßenkarte eine **Rundtour durch die Berge**, von der er selber bei einer **Motorradtour** sehr begeistert war. Die Strecke umfast **etwa 80 km**. Man folgte der Straße auf **Serpentinen** hoch und runter.
Die Strecke zeichnete sich durch viele schöne Haltepunkte aus, an denen man die Aussicht genießen konnte. Das Gelände an sich war schon eine Fahrt wert, weil die Straße durch **erhaltenen Urwald** führte. Peer hatte nicht übertrieben, es war *wirklich wunderschön*.

Wir steuerten ein Ressort an, das auf einem Berg angelegt war, der wiederum umgeben von Bergen, ein traumhaftes Panorama bot. Ein prunkvolles Anwesen mit einer genialen Aussicht von der Terrasse des Restaurants aus.

Man hatte das *fünf Sterne* „*Spa Ressort*" so angelegt, dass die einzelnen Bungalows auf unterschiedlich hohen Terrassen standen. Eigentlich konnte man von den Unterkünften kaum noch von Bungalows sprechen, sie ähnelten eher Einfamilienhäusern im *Stile eines Chalets*. Wer hier seine Ferien verbringen wollte, musste schon tief in sein Portemonnaies greifen.
Für Menschen die diese Abgeschiedenheit liebten, der ideale Platz. Sollte man eher auf Abenteuer stehen, käme man hier nicht auf seine Kosten. Im Ressort war Ruhe und Entspannung angesagt. Für unsere beiden Kaffees zahlten wir dann auch einen Preis, für den man locker ein Abendessen mit Getränken und Dessert für *Zwei* bekommen hätte. *Luxus* hatte eben auch in Thailand *seinen Preis*.

Auf der weiteren Fahrt durch die schöne Natur merkte ich schließlich doch, dass ich nicht so eine richtige Rockerbraut war. Ich hatte schon so manchmal meine Probleme mit den Kurven, die zeitweise sehr steil und abschüssig waren. Peer dagegen hatte mit den Kurven überhaupt kein Problem.
Er fuhr schon über dreißig Jahre große Motorräder und war ein absoluter Profi. Meine Erfahrungen waren da doch eher bescheiden, wenn ich an meinen *Roller in Berlin* dachte, der gerade mal 45 km/h bringt, und das auf geraden Straßen. Meine Unerfahrenheit tat dem Spaß, den ich dabei hatte, keinen Abbruch. Ich hätte noch Stunden lang so weiter fahren können.
Ich dachte da so an meinen Bruder Ronny, der auch eine große Maschine fährt. Welch einen Kick würde der wohl hier bekommen? Meine Schwägerin würde wahrscheinlich vor Angst um kommen, wenn er sie mit auf dem Sozi hätte. Vielleicht täusche ich mich auch und sie würde laut „*On the road again*" trällern.

Unser nächster Halt lag oberhalb eines Tales in einem kleinen Restaurant, wo wir zu Mittag essen wollten. Es schmeckte wieder köstlich und die Aussicht war ganz umsonst.
Der nächste Halt war dann schon in der Nähe von **Chiang Mai** in einem weiteren Restaurant, in dem wir ein Bierchen bestellten und es uns teilten. In die Stadt gelangte man über verschiedene **Highways**, die auf eine **Ringroad** führten, von dieser man dann wieder das **Zentrum von Chiang Mai** erreichen konnte.

Auf unserem Highway platzte mir mein Hinterreifen. Ich merkte es eigentlich nur, weil plötzlich die Lenkung so schwammig wurde.

6 Mopedrundtour durch die Berge

Zuerst befürchtete ich, es wäre irgend etwas schlimmes geschehen, weshalb ich langsam auf den Randstreifen fuhr.

Peer, der vor mir fuhr, erkannte sofort, dass ich in Schwierigkeiten zu sein schien. Er verringerte seine Fahrt und kam etwas weiter entfernt von mir zum Stehen. Ich fuhr langsam zu seinem Standort. Dann sahen wir das *Dilemma*.

Nun wäre das in Deutschland, sicher auf einer Autobahn, ein Problem. Man müsste wenigstens Stunden auf den ADAC warten. Hier gab es immer in der Nähe eine kleine **Mopedwerkstatt**, die solche Pannen täglich vorgesetzt bekam.

In einem kleinen Laden in der Nähe schickte man uns nur dreihundert Meter weiter auf die andere Straßenseite. Dort befanden sich gleich *drei Werkstätten* am Stück und innerhalb von nur zehn Minuten war mein Roller wieder fahrbereit. Für **130 Baht**, das sind gerade mal **3,50 Euro**, mit allem Drum und Dran. Peer kam nicht mal dazu seine Zigarette in Ruhe auf zu rauchen, so schnell war der junge Mann fertig. *Ich war begeistert.*

06. März 2013 – Queen Sirikit Flower Park

Heute wollte ich endlich zum *„Queen Sirikit Flower Park"*, den mir Peer auf der Rückfahrt von unserer Tour gezeigt hatte. Ausländer zahlten **100 Baht Eintritt,** wie fast in alle Parks und Reservate. Für die Thai betrug der Eintritt nicht mehr als ein Drittel. Ich wollte mich nicht beschweren, so war das nicht gemeint, denn für die Thai waren **30 Baht** immer noch viel Geld. Bisher lohnte sich das Eintrittsgeld auch immer.

Schon am Eingang zum Park konnte man erahnen, welche Vielfalt den Besucher erwarten sollte. Künstlerisch von Gärtnerhand angelegte Beete in einer Farbenpracht die das Auge und die Seele erfreute, boten sich mir dar.

Über allem thronte auf einem Hügel ein **Bilderbuchtempel** zu dem zahlreiche Stufen hinauf führten. Er galt als *„Royal Pavillon"* und enthielt Wandmalereien, die das Leben **König** *„Bhumipols"* und **Königin** *„Sirikit",* seit ihrer Thronbesteigung, bildlich darstellten.

Auf meinem Weg durch die weitläufige Anlage erreichte ich einen Bereich, in dem es **Themenparks** zu sehen gab. Viele Länder wurden hier mit ihren typischen Merkmalen dargestellt. Von Pflanzen und Blumen, über Gebäude und religiöse Kultgegenstände, bis hin zu geologischen Besonderheiten wurden die einzelnen Parzellen gestaltet.

Bei **Nepal** z.B. wurde auch der **Himalaja** angedeutet und im **japanischen Bereich** bezog sich die Anlage auf die **Feng Shui Methode**. Bei den **Kanadiern** waren indianische Einflüsse durch **Totempfähle** dargestellt. Der **kenianische Garten** wurde um eine **afrikanische Hütte** herum angelegt.

Die schönsten Themenbereiche waren für mich der aus **China** und der aus **Bhutan**. Auf den eingefügten Fotos hielt ich diese schönen Anlagen fest. Dann kann jeder Betrachter für sich entscheiden, welcher Themenpark für ihn der schönste wäre.

Es existierte auch ein kleiner See in der Mitte der Anlage auf dem jeder der möchte sich ein Tretboot ausleihen konnte.

Auf meinem Rundgang, der mich etwa drei Stunden durch die wunderbare Anlage führte, begegnete mir auch immer wieder eine Elektrobahn, mit der sich Besucher die nicht laufen wollten, oder nicht konnten, durch den Park fahren ließen.

Mir war im Allgemeinen erfreulich aufgefallen, dass das Gelände *rollstuhlgerecht* konzipiert wurde. Sogar an einen Fahrstuhl, der Gehbehinderte zum *„Royal Pavillon"* brachte, war gedacht worden.

Über diese Auskunft werden sich meine beiden Freunde Horst und Petra freuen, die mich gebeten hatten nach den Möglichkeiten Ausschau zu halten, die **Rollstuhlnutzer** in und um **Chiang Mai** hätten.

Innerhalb der Stadt war das leider *nicht ganz so einfach*. Hier bestand allerdings die Möglichkeit, sich ein Fahrzeug mit Fahrer zu leihen, was man sich auch leisten könnte. Ich denke, die Beiden könnten auch hier einen schönen Urlaub verbringen, sollten aber ihre Elektrobuggies dabei haben.

Der „Royal Pavillon" im Flowerpark

Ein paar Themenparks, z.B. Nepal,

Mauretanien,

Kenia

und Bhutan

07. März 2013 – Mit Peer Richtung Phrao

Der nächste Tag gehörte wieder meinem *persönlichen Reiseführer Peer*. Wir wählten eine Tour aus, die uns über die **Bundesstraße 1001** in **Richtung Phrao** führte.

Dieser Ort befand sich etwa **60 km nördlich von Chiang Mai** und mitten im Gebirge. Das es sich wieder um eine landschaftlich wunderschöne Gegend handelte, brauche ich eigentlich kaum noch zu erwähnen. Insgesamt legten wir *über 200 km* zurück, von denen jeder einzelnen Kilometer nicht vertan war.

Wir fuhren durch **kleine Ortschaften**, hielten an um Kaffee zu trinken und einen kleinen Imbiss zu uns zu nehmen oder machten einfach Rast, wenn uns die Aussicht besonders gut gefiel.

Einer dieser Rastplätze war ein kleines *Wat* mitten im Dschungel, an einer wackeligen Stichstraße, die vom eigentlichen Weg ein paar Kilometer abwich. Es gab nur einen einzelnen Mönch und seinen Hund, der ein wachsames Auge auf uns *Fremdlinge* hatte.

An der Stelle, an der wir die Hauptroute verließen und zu der wir nach dem Besuch am *Wat* auch wieder zurückkehrten, bekamen wir in nettem Ambiente sogar einen ausgezeichneten Kaffee.

Am Himmel zeichnete sich eine Regenfront ab, was im Gebirge nicht so ganz ungewöhnlich zu sein schien.
   Wir beschlossen noch etwas zu warten, weil es nicht so ganz ungefährlich war mit dem Motorrad bei Nässe die steilen Serpentinen zu fahren, außerdem hatten wir auch keine Jacken dabei, die uns vor dem Regen schützen konnten. Also bestellten wir noch etwas zu trinken und harten der Dinge die da kommen könnten.

Wir hatten Glück, die Regenwolken verzogen sich ins Gebirge und nur kurz vor **Chiang Mai** gab es eine kleine Husche, die uns aber nichts mehr ausmachte.

Langsam werde ich auch immer versierter als *Sozi*. Wenn man es nicht gewöhnt war mit einem schnellen Motorrad mit zu fahren, brauchte man eine Weile um die richtigen Positionen beim Kurven fahren und beim Beschleunigen zu erkennen.

Bei unserer ersten Fahrt war ich noch ganz schön steif und Peer musste oft das Motorrad ausgleichen, weil ich nicht richtig reagierte. Das war nach mehreren Fahrten vorbei. Ich wurde immer lockerer und saß nun, wie sagt er immer, *wie ein Sack Kartoffeln* in meinem Sitz.

08. März 2013 – Baden am Wasserfall

Den nächsten Tag gestaltete ich wieder alleine.
Morgens setzte ich mich auf meinen Roller um mir einen **Wasserfall** in der Nähe von **Mae Rim** an zu sehen.
Die komplette Strecke, einen Rundkurs durch die Berge am **Doi Suthep**, kannte ich bereits von einer Fahrt mit Peer. Bis nach **Mae Rim** fuhr man ungefähr **25 Minuten von CM** aus und bog dann nach links auf die **1096 in Richtung Samoeng** ab.

Mein erster Halt war eine Tankstelle auf der **1096,** auf der eine reizende Thailänderin ein kleines Café betrieb. Dort bekam ich einen richtig guten Kaffee Latte und die genaue Beschreibung zum Wasserfall.

Mit **100 Baht Eintrittsgeld** war ich wieder dabei, **plus 20 Baht** für das Moped, das ich gleich nach der Einfahrt in den Park auf dem ersten Parkplatz abstellte. Ich wollte mal wieder ein wenig zu Fuß gehen.

Der Wasserfall verfügte über zehn Stationen, die es über einen zeitweilig sehr steilen Anstieg zu überwinden galt. Mit jeder Kaskade strömte das Wasser schneller und gewaltiger nach unten, und es hatte einige schöne **Badestellen** ausgewaschen.

Ich wollte auf jeden Fall baden, dafür war ich schließlich gekommen und hatte auch meinen Badeanzug bereits angezogen. Doch, wie sagte man so schön, vor dem Vergnügen käme die Arbeit, und ich machte mich an den *schweißtreibenden Aufstieg* bis zum 10. Level.

Die Anstrengung hatte sich natürlich gelohnt und ich wurde mit den schönsten Aussichten belohnt. Bei Level 6 suchte ich mir einen Platz auf einem trockenen Felsbrocken, zog meine Kleider aus und stützte mich in die Fluten. Eine wunderbare Erfrischung, denn das Wasser war recht kühl.

Nach und nach kamen auch andere Besucher, überwiegend Thai, die mit Liegematten und Picknickkörben bewaffnet die Liegestellen besetzten. Gegen 15:00 Uhr wurde es mir dann doch zu voll und ich machte mich wieder auf den Heimweg. Dieser Wasserfall hatte mich jedenfalls nicht zum letzten Mal gesehen.

10. März 2013 – Im Café mit Fabienne

Gestern verbrachte ich fast den ganzen Tag an meinem PC um meine Videos und Bilder zu beschriften und zu ordnen. Es wurde langsam Zeit, weil bereits viel Material vorhanden war.

Die Videos legte ich nun fein säuberlich in verschiedene Ordner ab, die ich mit relevanten Namen versah. Mit den Bildern war ich so weit gekommen, dass jedes einen Namen bekam und nun auch nur noch in Ordner abgelegt werden musste.

Im Café mit Fabienne

Nach etlichen Stunden Bildschirmarbeit wollte ich auf jeden Fall etwas Essen und den Abend im *„Birdnest"* ausklingen lassen.

Dort lernte ich eine einzelnen Frau kennen, die zum ersten Mal in Thailand zu Besuch war.

Ihr Name ist Fabienne, geboren war sie in Zürich, lebte aber seit vielen Jahren auf **Hawaii**, wo sie mit ihrer Tochter ein kleines Guesthouse betrieb. Wir waren uns auf Anhieb sympathisch und tauschten Email Adressen und skype Zugänge aus, um uns nicht aus den Augen zu verlieren.

Sie verbrachte ihre Zeit damit jeden zweiten Tag zum **Yoga** zu gehen und sich die Zähne machen zu lassen. Ab kommender Woche würde sie für fünf Tage ein **Meditationszentrum** etwa 45 km außerhalb von **Chiang Mai** besuchen. Nach einer Brustkrebs OP wollte sie sich mehr um ihren Körper und ihre Seele kümmern. Eine derartige Diagnose hinterlässt eben immer krasse Spuren.

Ich würde mich wirklich sehr freuen, wenn wir in Kontakt blieben. Wer weiß, Hawaii war bestimmt auch mal eine Reise wert. Sie weilt aber auch öfter in Zürich bei ihrer Mutter.

12. März 2013 – Ein Käffchen im Birdnest

Heute war ich morgens mit Peer verabredet.
Er wollte nach seinem ersten Unterrichtstag bei der **Sprachschule YMCA**, die ihren Sitz ein paar Querstraßen von meinem Apartment hatte, vorbei kommen, um die Fahrt am kommenden Sonntag/Montag nach **Pai** zu besprechen.
Die Tour würde uns wieder tief in die Berge hinauf führen. Im **Umkreis von Pai** liegen einige sehr interessante Gebiete, die es lohnten einen Abstecher dort hin zu unternehmen.
Auf meiner Streckenkarte waren vor allem **Geysire** zu sehen, heiße Quellen die Fontänen heißen Wasserdampfes freigeben.
Ich lernte solche Naturphänomene bereits auf meiner Reise durch Südamerika kennen und war damals von diesem Naturschauspiel fasziniert. Allerdings musste man bereits vor Sonnenaufgang an Ort und Stelle sein, weil nur die Sonne als Indikator für das Entladen des Dampfes galt.
Es existieren allerdings auch Geysire, die den ganzen Tag über tätig sind, wenn sie durch vulkanische Aktivitäten gebildet werden. Ein Beispiel dafür sind die großen Geysire auf Island und im Yellowstone Park. Wir wollten uns überraschen lassen.

Als Peer zu mir ins Apartment kam, war er schon etwas aufgeregt, weil sein Kurs von morgens auf nachmittags verlegt wurde und er umsonst zur Schule gefahren war.
Er hatte auch jedes recht sich aufzuregen. Die Schule kannte seine Handynummer genauso, wie seine Email Adresse. Es wäre einfach ein guter Service, wenn man die Kursteilnehmer benachrichtigen würde, sollte sich eine Änderung ergeben.
In Thailand war das Problem, dass sich niemand für die Belange Anderer interessierte. Verantwortungsgefühl ist ihnen schlicht und einfach fremd.
Er dürfte sich sicherlich schon darüber freuen, wenn der Kurs seinen Erwartungen entsprach und er am Ende ein paar Brocken Thai sprechen lernte. Ich glaube allerdings, dass ihn am meisten ärgerte, noch keinen Kaffee bekommen zu haben, bevor er zur Schule fuhr.

6 Ein Käffchen im Birdnest

Um dieses *Malheur* zu beenden, machten wir uns auf den Weg ins *„Birdnest"*. Mit einer guten Tasse Kaffee würde die Welt schon wieder freundlicher aussehen.

Den Rest der Woche wäre Peer anderweitig beschäftigt und wir verblieben mit der Verabredung, am Samstag nochmal zu telefonieren, um die Zeit fest zu legen, an der er mich vom Kondo abholen käme. Ich wollte noch etwas an meinen Bildern am PC arbeiten und fuhr wieder zurück in mein Apartment.

Für den Mittwoch plante ich eine längere **Tour mit dem Roller** und markierte mir auf der Karte noch ein paar Orientierungspunkte.
Meine Reise sollte mich an einen **Stausee** führen, der in der **Umgebung von Phrao** zu finden sein sollte.

13. März 2013 – Meine Rollertour

In den frühen Morgenstunden machte ich mich auf die Reise.
Die Hauptstrecke war mir schon bekannt, doch ich wollte unbedingt auf eine Nebenstrecke ausweichen, die durch ein Gebiet führen sollte, das ich noch nicht kannte.
Am ersten Tag in **CM** besorgte ich mir eine Karte, die zum einen den Stadtkern in zwei Größen, als auch die komplette Umgebung des Nordens von Thailand zeigte.
Nach Peer`s Meinung hatte ich da eine recht gute Karte gekauft. Im Großen und Ganzen hatte er ja Recht, leider nur zum Teil. Die Hauptverkehrswege wurden wirklich gut beschrieben, da gab es nichts zu meckern.
Wollte man aber mal auf Nebenstrecken abzweigen, bekam man Probleme. Die Nebenstraßen waren zwar auf der Karte verzeichnet, jedoch in der Realität nicht zu finden.

Genau wie auch bei uns fand man die Straße hier unter einer Nummer, selten hatte man sie mit einem Namen gekennzeichnet. Straßennamen gab es nur innerhalb der Städte.
Das Problem war, dass diese Nummern an den Straßenschildern nicht verzeichnet waren wenn es sich um keine Hauptstraßen handelte. Man musste sich auf sein Gefühl verlassen und einfach irgendwo abbiegen. *Die Hauptsache war, die Richtung stimmte.*
Manchmal verfehlte man allerdings die richtige Einfahrt und fuhr daran vorbei. Mit den Angaben über die Entfernung zur nächsten Abfahrt klappte es auch nicht wirklich.
Auf jeden Fall führte mich mein Weg zwar nicht in die gewünschte Richtung, doch egal wohin man fuhr, es war überall schön und den Weg zurück in die Stadt konnte man nicht verfehlen.
Am Straßenrand innerhalb eines kleinen sehr hübschen Dorfes bekam ich sogar einen super schmackhaften Kaffee und ein leckeres Mittagessen.
Zwei junge Männer sahen sich meine Karte an und bedeuteten mir, dass ich zum **Staudamm** in die falsche Richtung gefahren sei und ein Stück zurück fahren müsse.

6 Meine Tour mit dem Roller

Einer der Beiden zeigte mir sogar sein Haus, das er vermieten wollte. Für thailändische Verhältnisse war es ganz nett, doch mir wäre es viel zu eng und es verfügte auch nicht so ganz über meinen Stil. Das sagte ich ihm natürlich nicht.

Nach der Hausbesichtigung wendete ich und fuhr die beschriebene Strecke, die mich leider wieder auf die Hauptstraße führte, die ich eigentlich vermeiden wollte. Da fuhr man immer nur geradeaus und wurde auch oft von rasenden LKW überholt, die einem den Staub ins Gesicht schleuderten.

Ich war froh, als ich wieder in Richtung **Mae Taeng,** in die hügelige und ruhige Landschaft, abbiegen konnte. Das Dorf lag, wie so einige auf meinem Weg, zur rechten *und* linken Straßenseite, von denen kleinere Wege in die Wohngebiete abzweigten.

Ich hatte das Glück, dass der Ort zu dem ich wollte tatsächlich durch ein Hinweisschild angezeigt wurde. An der Kreuzung befand sich ein **Tempel**, der scheinbar recht bekannt zu sein schien, was man immer daran erkannte, dass ein großes Schild auf ihn hinwies.

Dieser Tempel hatte nur einen Makel. Um ihn besichtigen zu können müsste man eine Unmenge an Stufen erklimmen. Ich fühlte mich nicht dazu in der Lage, mich bei *40 Grad im Schatten* als Bergsteiger zu versuchen.

Bis zu einhundert Stufen würde ich ja noch auf mich nehmen, dieser Zugang zum Tempel dürfte so an die *drei- bis vierhundert Stufen* gehabt haben. Wer dort hinauf stieg, der dürfte für die nächste Zeit seine Sünden abgearbeitet haben.

Ich wollte gemütlich zum Stausee.
In der Hoffnung auf eine Badestelle hatte ich bereits meinen Badeanzug unter meiner Kleidung. Es sollte jedoch scheinbar nicht sein.

Es ist nicht etwa so, dass ich den Damm nicht zu Gesicht bekam, in einiger Entfernung sah ich ihn immer wieder durch die Landschaft aufblitzen, nur der Zugang verschloss sich meinen Augen.

Ich versuchte einige Wege, von denen ich annahm, sie könnten mich zum Ziel führen. Jedes Mal, wenn ich glaubte den richtigen Pfad gefunden zu haben, wand sich mein Weg wieder vom **Staudamm** weg. Nach einem halben dutzend Versuchen gab ich es auf.

Einige Kilometer vorher entdeckte ich auf einem bewaldeten Berg einen **weißen Tempel** mit einem *riesigen* **weißen Buddha**. Dann musste eben er es sein, den ich heute besuchen wollte.

Auf der Rückfahrt nach **CM** überlegte ich, ob ich wohl für meine Faulheit bestraft wurde, den tausend Stufen Tempel nicht erklommen zu haben.

Mit dem **weißen Tempel auf dem Berg** erging es mir genau so, wie mit dem Staudamm, ich kam nicht an ihn heran. Ich folgte wieder vielen Wegen, umrundete den *„Königlich Thailändischen Golfclub"*, befuhr sogar das hochherrschaftliche Gelände, unter den zweifelnden Augen diverser Gärtner - ohne Erfolg.

Es wurde mir wieder einmal deutlich vor Augen gehalten, was mir mehr fehlte, als Orientierungssinn - ich war der thailändischen Sprache nicht mächtig.

Könnte ich diese Sprache hätte ich einfach auf den Tempel gezeigt und gefragt, wie ich den richtigen Weg dort hin finden könnte.

Auf dem Rückweg kehrte ich bei einem kleinen Thaiimbiss ein, trank einen schönen kalten Wassermelonensaft und machte mich danach wieder auf den Weg nach **CM**. Mir tat jetzt doch schon sehr meine Sitzfläche weh. Schließlich hatte ich immerhin *etwas über 200 km* auf dem Bock gesessen.

Abends traf ich mich noch mit Fabienne im *„Birdnest"*.
Der einzige Platz an dem geraucht werden durfte, befand sich an unserem Tisch.

Das bedeutete, alle Raucher im Restaurant setzten sich irgendwann zu uns an den Tisch. So auch Carina.

Sie betreibt zwischen **Chiang Mai** und **Chiang Rai**, mit Hilfe der Dorfgemeinschaften zweier **Lahudörfer** eine kleine Kaffeefarm in 1300 Metern über dem Meeresspiegel.

Sie bauen den Kaffee an, ernten und rösten ihn, um ihn dann in Chiang Mai und anderswo zu verkaufen.

Sie produzieren sogar einen *besonders exklusiven* Kaffee, der aus Bohnen gewonnen wird, die durch die *Verdauungstrakte von Zibetkatzen* gewandert waren.

Die Katzen fressen die Kaffeekirschen und scheiden sie wieder aus, wobei die Bohnen einer *besondere Fermentierung* unterzogen werden. Dieser Kaffee galt als *besonders schmackhaft und bekömmlich*. Ich laß bereits darüber, wusste aber nicht, dass dieses Verfahren auch hier in Thailand angwandt wird.

Es war kein Problem sich diese Farm mal an zu sehen. Carina gab mir ihre mailadresse und Fabienne würde auch gerne mit kommen. Mal sehen, ob wir das noch organisiert bekämen.

6 Meine Tour mit dem Roller

Ich könnte natürlich auch Peer fragen, ob wir gemeinsam dort hin fahren wollen. Für Fabienne wäre dann allerdings kein Platz auf dem Motorrad. Die einfachste Lösung wäre, wenn wir ein Auto mieteten. Wir wollten es am Samstag besprechen, wenn ich gemeinsam mit Fabienne auf dem *„Silbermarkt"* in der **Wualai Road** einen Shoppingabend einlegen werde.

14. März 2013 – Eine sehr alte Tempelanlage

Nach einem köstlichen Frühstück im **„Birdnest"** besuchte ich einen viele Jahre **verschollenen Tempel**. Erst 1948 wurde er im Zuge von Stadterweiterungsarbeiten wieder entdeckt.

Es handelte sich bei dem Bauwerk um eine der **ältesten Tempelanlagen in und um Chiang Mai**, der von einem Mönch gegründet wurde. Dieser *Gottesmann* berief sich noch auf die alten Lehren des Buddhismus, lebte und lehrte mit seinen Mönchen Buddhas Thesen.

Das *Wat* war zu finden in einem Waldbereich, der heute von einem kleinen Dorf umgeben ist. Man erreichte ihn über den **Highway 1005**, bog auf den **121** rechts ab und musste nach etwa drei Kilometer einen *U-Turn* machen um auf die gegenüber liegende Fahrbahn zu kommen.

Der Hinweis zum Kloster war nicht wirklich offensichtlich, deshalb bot es sich an ganz rechts und langsam zu fahren, um die Seitenstraße nicht zu verfehlen.

Damals, als sich Menschen hier in dem Gebiet des heutigen **Chiang Mai** nieder ließen, konnten die Bewohner des Klosters, das zum *Wat* gehört, sich noch ihren *Meditationen* und *Gebeten* hingeben, ohne gestört zu werden.
   Leider war das heute kaum noch möglich, wenngleich zu dem Areal auch ein **Meditationszentrum** gehörte, das auch westlichen Besuchern offen stand.

Das am besten erhaltene Bauwerk der weitläufigen Anlage war der *Chedi*, der über allem thronte. Ebenfalls gut erhalten und im Laufe von Jahren auch teil restauriert, waren die Tunnel, die unter dem *Chedi* hindurch, vom südlichen zum nördlichen Abschnitt des Klosters führten.
   Überall auf dem Gelände liefen frei lebende Hühner und Hähne herum und auf einer kleinen Insel im Fischsee war das Zuhause von zahlreichen Tauben zu finden.

6 Eine sehr alte Tempalanlage

Nach den Lehren der Mönche galten Vögel als *besonders heilig*. Auf Tafeln war in Stein gemeißelt bildlich dargestellt, wie die Mönche mit den Vögeln sprachen. Es gab auch Inschriften. Wäre ich der thailändischen Sprache mächtig gewesen, hätte ich auch lesen können, was dort geschrieben stand.

Der Wald um die Anlage herum war zur Zeit sehr ausgetrocknet und das Laub fiel von den Bäumen, was der besinnlichen Atmosphäre nicht abträglich war.

Ich konnte mir aber durchaus vorstellen, wie grün und schattig das Gelände sein würde, sobald die **Regenzeit** einsetzte. Das würde allerdings noch mindestens *zwei Monate* auf sich warten lassen.

Heute Abend werde ich ohne fahrbaren Untersatz ins **„Birdnest"** gehen und mich mit Fabienne auf ein Glas Wein treffen.

Zusammenfassung der letzten Tage dieser Reise

Die letzten Abschnitte meiner Reisebeschreibungen gliedern sich in Tage an denen ich mit meinem Freund Peer, oder auch alleine, zu verschiedenen Teilen rund um **Chiang Mai** unterwegs war.

Die weiteste Motorradtour führte mich mit Peer nach **Pai**.
Diesen Ort findet man etwa *zweihundert Kilometer nord-östlich von Chiang Mai* in den Bergen. Er gilt als Zwischenstation für Reisende in Richtung **Mae Hong Son** und zur **burmesischen Grenze**.
Noch vor einigen Jahren war es abenteuerlich zu diesem kleinen Bergdorf vor zu dringen. Zum einen gab es keine befestigten Straßen, die ohne *Four-Weel-Drive* oder einer geländegängigen Maschine befahrbar waren. Zum anderen wurde die Gegend noch von **Opiumhändlern** besucht und war deshalb nicht sehr sicher.

Durch die intensiven Bemühungen des thailändischen Königs wurden mit der Zeit aus Opiumbauern Obst-, Gemüse- und Blumenzüchter, die ihre Waren auch zu guten Preisen verkaufen können.
Pai entwickelte sich zu einem beliebten Backpacker Areal, wegen der Abgeschiedenheit und der Naturschönheiten der Umgebung.
Man kann **heiße Quellen** finden, deren **Geysire** sich an manchen Stellen sprudelnd aus der Erde befreien.
Wir besuchten einen solchen „*Hot Spring*" dessen Austrittstemperatur bei fast *einhundert Grad Celsius* lag.
Oftmals gehen diese Quellen einher mit Wasserläufen, die sich als Wasserfälle entpuppen und sich mit dem heißen, mineralstoffreichem Wasser zu Badestellen vereinigen.
Ein Bad in so einem *Pool* verschafft nicht nur Menschen mit Problemen im Bewegungsapparat ihres Körpers Erholung.

Peer hatte für uns über eine Hotelplattform im Internet ein schönes Ressort heraus gesucht, in dem wir eine Übernachtung buchten. Das hübsche Bungalowressort lag etwas außerhalb von **Pai**.
Nachdem wir uns etwas frisch gemacht hatten fuhren wir ins Örtchen um etwas zu essen.

6 Zusammenfassung der letzten Tage dieser Reise

Wir kehrten bei einer reizenden thailändischen Wirtin ein, die viele Jahre in Holland und in Österreich gelebt hatte und *gut deutsch* sprach. Man kann sich unsere Überraschung vorstellen, in diesem Bergdorf eine deutsch sprechende Thailänderin zu finden.

Nach dem guten Essen wollten wir uns etwas die Beine vertreten und schlenderten durch die **Straßen von Pai,** in denen sich die Einheimischen auf den abendlichen Straßenmarkt vorbereiteten.

Eine der Straßen wurde zum **Nachtmarkt** umgebaut, auf dem sich die verschiedensten Stände ansiedelten.

Thailändische Märkte sind ein begehrter Tummelplatz für Touristen aus der ganzen Welt. Es werden Souvenirs, Kleidung, Schmuck, Handarbeiten und natürlich auch allerlei Leckereien angeboten und die Händler machen manch gutes Geschäft.

In **Chiang Mai** verteilen sich einige solcher Märkte über die ganze Stadt. Auch wer eigentlich nichts kaufen möchte, kann sich dem munteren Treiben dort nicht entziehen.

Ein Thailandaufenthalt ohne den Besuch eines Marktes wäre für die meisten Besucher undenkbar.

Mein Tipp: der Besuch eines Lokalmarktes.
Hier kaufen die Thais und die Atmosphäre auf diesen Märkten ist eine ganz andere, als auf den Touristen orientierten Nachtmärkten.
Beide sind eine Besonderheit für alle Sinne.

Wir ließen uns massieren, bummelten dann auf den Markt und beschlossen den Abend in einem netten Lokal mit einem Bierchen und sehr angenehmer Livemusik.

Der junge Sänger gab Songs von John Lennon, Simon und Garfunkel, Cat Stevens und anderen Stars der 70er und 80er Jahre zum Besten. *Sehr hörenswert.*

Morgens bekamen wir ein Frühstück, dessen Erwähnung es schlicht weg nicht wert ist. Wir konnten uns nicht beschweren, schließlich hatten wir für den Bungalow statt **3500 Baht** nur **900 Baht** bezahlt und ein gutes Frühstück an der Straße würde uns keine **100 Baht** kosten.

Auf unserem Weg zurück nach **Chiang Mai** führte uns eine unbefestigte Bergstraße zu den **Geysiren**, von denen ich bereits berichtete.

Zusammenfassung der letzten Tage dieser Reise

Die Fahrt war wieder *atemberaubend schön*. Man sagt von der Straße, sie winde sich über *achthundert Kurven* von **Chiang Mai** bis in die **Bergregion um Pai**. Mit dem Motorrad ein Vergnügen, das man kaum beschreiben kann. Nur wer sie schon genossen hat, kann meine Begeisterung verstehen.

Am Montag musste ich noch ein *kleines* Problem bewältigen. Mein geliehener Roller war mir umgekippt und ein Blinklicht zerborsten. Ein paar Kratzer hatte er auch noch abbekommen.

Gibt man nach der Mietzeit das Gefährt an den Vermieter zurück, kann einem passieren, dass man für solche Schäden kräftig zur Kasse gebeten wird.

Peers Freundin Anne war mir behilflich bei der Hondawerkstatt einen Termin zu bekommen, um diese Schäden beheben zu lassen.

Das neue Blinklicht und ein Satz neuer Sticker zum Überdecken der Kratzer, inklusive Montage, kostete mich eine Stunde Wartezeit und **265 Baht**, rund **8 Euro**.

Man kann es kaum glauben, der Vermieter hätte mir wahrscheinlich **3000 Baht** abgenommen.

Es ist immer sehr gut, wenn man thailändische Hilfe bekommt bei solchen Dingen. Alleine die Sprachbarrieren machen es fast unmöglich damit alleine klar zu kommen.

Ich war Anne wirklich sehr dankbar für ihre Hilfe, vor allem, weil sie sich die Zeit genommen hatte. Schließlich leitete sie ihr eigenes kleines Restaurant und konnte nicht einfach mal so von dort verschwinden.

Gott sei Dank hat sie einen sehr lieben deutschen Kompagnon der dort als Koch fungiert. Frank managte das Geschäft ohne Probleme in der Abwesenheit seiner Partnerin.

Gestern verbrachte ich den ganzen Tag mit Fabienne aus Hawaii. Zuerst frühstückten wir im *„Birdnest"* um uns dann ins Gewimmel der Umgebung zu stürzen. Wir ließen uns von einem **Songtaew** zum *„Taipeh Gate"* bringen und marschierten die gleichnamige Straße entlang. **Chiang Mai** besteht ja zu einem Teil aus der Altstadt und zum anderen aus dem neuen Teil. Die Altstadt wird umrundet von einem Kanal, der diese von der restlichen Stadt trennt.

Wer mit einem Fahrzeug in die Altstadt will, muss diese über verschiedene Kanalübergänge, in meist entgegengesetzter Richtung, umfahren. Dabei öffnen sich fünf sogenannte *Gates,* die den Übergang von der Neu- in die Altstadt markieren.

6 Zusammenfassung der letzten Tage dieser Reise

Nach entsprechenden Zwischenstopps in diversen Geschäften landeten wir auf dem *„Warorot Market"*, einem der vielen Märkte in **Chiang Mai**.

Dieser Markt zeichnet sich besonders durch seine **Vielfalt an Stoffgeschäften** aus. Wer Seide, Baumwolle oder von den Bergbewohnern handgewebte Stoffe in allen Farben und Mustern sucht, wird hier auf jeden Fall fündig.

Fabienne ist für zwei Tage nach **Chiang Dao** gefahren. Der Ort liegt etwa *achtzig Kilometer nord-westlich von Chiang Mai* in den Bergen. Sie will am Sonntag wieder hier sein und dann nochmal mit mir auf den *„Sunday Walking Market"* gehen um, noch ein paar Mitbringsel für ihre Familie ein zu kaufen.

Für diesen Markt werden mehrere Straßen in Richtung des *„Taipeh Gate"* für den Verkehr gesperrt. Er ist ein beliebter Anlaufpunkt für Touristen, auch aus Thailand. Wenn man gerne einkauft, ist das die richtige Adresse.

Im Gegensatz zum *„Nightmarket"*, der dafür bekannt ist rein touristisch und auch überteuert zu sein, ist der *„Sunday Walking Market"* noch recht einheimisch. Man kann immer noch *gut handeln*. Mal sehen, was wir dort noch so erstehen.

Peer und ich sind am Freitag in Richtung Süden aus der Stadt gefahren. Jeder mit seinem Motorroller.

Über **Hang Dong** und **San Pa Tong** fuhren wir nach **Mae Wang**, einem kleinen Ort am Fuße des **Doi Inthanon**. Die Strecke ging zwar auch über Serpentinen bergauf und bergab, war aber mit dem Roller gut zu bewältigen. Langsam beherrschte ich das Kurven fahren immer besser. Zu Anfang hatte ich doch schon manchmal etwas Angst, vor allem, wenn es rasant bergab ging.

An einem **rauschenden Bergfluss** machten wir halt und konnten, in kleinen Hütten direkt am Fluss sitzend, uns ein köstliches Essen schmecken und die Seele baumeln lassen. Touristen gab es keine, zu mindestens keine Ausländer, da waren wir die einzigen.

Eigentlich hatten wir vor, einen Rundkurs zu fahren, was uns ein Einheimischer ausredete, weil die Strecke wohl sehr steil und kaum asphaltiert sein sollte. Zeitlich hätten wir es vor der Dunkelheit auch nicht geschafft. Also fuhren wir noch ein Stück bis zu einem Hinweis auf einen **Wasserfall**, den wir dann auch noch besuchten.

Zusammenfassung der letzten Tage dieser Reise   6

Nach einem kurzen aber steilen Fußmarsch waren wir von der wunderschönen Natur wieder einmal begeistert.

Peer lies sich sogar von mir dazu überreden seine Schuhe aus zu ziehen um seine Füße in dem herrlich erfrischenden, glasklaren Wasser zu kühlen. Er war schon manchmal ein wenig ängstlich, ob der Dinge, die dort auf ihn lauern könnten. Wieder in **Chiang Mai** angekommen, besuchten wir noch Steve und Mem in ihrem neu eröffneten Restaurant am *„Taipeh Gate"*.

Am Abend waren wir mit Anne und Frank in deren Restaurant zu einer kleinen Party verabredet. Frank kommt aus Leipzig und war, nach Beendigung seines Arbeitsvertrages mit einer Baufirma vor über zehn Jahren, in Thailand geblieben. Er kochte bei Anne.

Für die Party, die von beiden zum ersten Mal veranstaltet werden sollte, richtete er ein schönes thai-europäisches Buffet her. Es gab sogar selbst eingelegte saure Gurken und Kartoffelsalat. Die Idee hinter dieser Party war ganz einfach. Die geladenen Gäste sollten sich kennen lernen. Wir waren ein gemischtes Völkchen bestehend aus Europäern, einem Amerikaner und Thailändern. Frank und Anne schienen jedenfalls mit dem Ergebnis der Premiere ihrer Idee recht zufrieden zu sein. *Es wurde ein netter Abend.*

Ich fühlte mich ja wirklich ausgesprochen wohl in Chiang Mai.
Mein Appartement war auch ganz gut. Als einziges Manko empfand ich das Fehlen eines Pools.

Laut Aussage meines Reiseführers sollte es in und um die Stadt einige Hotels geben, die für ein *kleines Eintrittsgeld* ihre Poolanlagen auch Gästen von Außerhalb zur Verfügung stellten. Eines dieser Häuser wurde ganz besonders hervor gehoben.

Es hieß *„Imm Eco Hotel"* und gehörte zur *„Eco Ressorts Hotel Company"*, die noch in anderen Gebieten Thailands Niederlassungen besaßen. Samstag fand ich das Ressort endlich auch auf einer meiner Karten von **Chiang Mai** und machte mich mit meinen Badeutensilien auf den Weg.

Ein schönes Hotel. Es stellte *Low Budget Reisenden*, sowie auch besser betuchten Touristen, eine Auswahl an Zimmern zur Verfügung.

Mitten in einem baumbestandenen weitläufigen Garten standen mehrere Gebäude, die in viel Grün eingebettet waren. Der Swimming Pool war riesig und es gab genügend Liegen, die man nutzen konnte.

Zusammenfassung der letzten Tage dieser Reise

An der Rezeption des Hauses bezahlte ich **100 Baht** und konnte so lange bleiben, wie ich wollte. Das Restaurant offerierte ein Frühstück für **weitere 100 Baht**.
Das Haus bot ein Buffet mit lokalen und europäischen Speisen, Kaffee und Tee, Säften und Wasser so viel man mochte. Mit meinem E-Book Reader bewaffnet legte ich mich auf eine Liege unter einen Sonnenschirm, schwamm etliche Runden und relaxte in der sehr angenehmen Atmosphäre. Auch am Sonntag und am Montag wollte ich dieses Angebot wahrnehmen.

Montag war ich zum letzten Mal im Eco Hotel am Pool.
Durch die andauernde Brandrodung um Chiang Mai herum war der Himmel vom aufsteigenden Rauch sehr vernebelt. Der Hitze tat das keinen Abbruch und die Sonneneinstrahlung wurde noch eher verstärkt.

Peer rief mich von irgendwo unterwegs an. Er hatte bereits 250 km gefahren und berichtete von einer schönen Umgebung. Wir verabredeten uns zu Mittwoch bei Steve, dann wollte er mir mehr erzählen.

Ich gönnte mir eine Ölmassage, wahrscheinlich auch die letzte vor meiner Abreise nach **Bangkok** am Donnerstag.
Das Hotel in dem ich eine Nacht verbringen werde verfügt über einen Spa-Bereich. Ob ich in Erwägung ziehen werde mir dort eine Massage geben zu lassen, hing allein vom Preis ab.

Eigentlich wollte ich heute mit meiner Tochter skypen. Der Internetzugang war blockiert und machte mir somit einen Strich durch die Rechnung. Ich versuchte es am nächsten morgen erneut.

Fabienne und ich hatten an diesem Morgen im *„Birdnest"* unser letztes gemeinsames Frühstück. Sie fliegt morgen früh über Seoul zurück nach Hawaii.

Nach dem Frühstück begleitete ich sie zu ihrem letzten Event in Thailand. Sie wollte sich ein **Tattoo** bei einem **Tattoowierer** stechen lassen, der nur mit *Bambusstäbchen* arbeitete. Sie war zwar ängstlich, ob der Schmerzen die vielleicht entstehen könnten, doch sie nahm tapfer auf dem Stuhl Platz, den ihr der **Tattoowierer** zu wies.
Ich war als seelische Unterstützung mit gekommen, doch Fabienne brauchte sie gar nicht, denn der Vorgang war *beinnahe schmerzfrei*.

Hätte ich nicht schon mein Geld weitestgehend auf den Kopf gehauen, wäre ich seine nächste Kundin geworden. Meine Begleitung war jedoch nicht so ganz umsonst. Ich machte einige Fotos von der Prozedur und von dem Endergebnis mit ihrem Ipad. Das **Tattoo** prangte jetzt auf ihrem linken Unterarm.

In Form eines Armreifens wurde da folgender Spruch in thailändischen Schriftzeichen verewigt:

Wenn Du Dein Gesicht zur Sonne erhebst,

fallen die Schatten immer hinter Dich!

Ein schöner Spruch, vor allem wusste nur Fabienne was dort geschrieben stand. Ich nahm mir fest vor, es bei meinem nächsten Besuch ihr gleich zu tun. Ich wünsche mir auf jeden Fall *noch ein* **Tattoo**.

Am Abend trafen wir uns noch im *„Birdnest"* auf ein Glas Wein. Ich bestellte bei der Wirtin noch *jungen grünen Reis*, den ich mit nach Deutschland nehmen wollte.

Ich brauchte ihn für die Zubereitung des **Local Porridge**. Das beste Frühstück, das ich je gegessen hatte und sehr gesund. Werde es so oft zu hause zu bereiten, bis meine Zutaten aufgebraucht waren.

Der Grund, weshalb ich nicht ins Internet kam, klärte sich auch auf. Das freie WiFi im Apartment war nur für die ersten vier Wochen geschaltet. Ich bekam heute für die restlichen zwei Tage einen neuen Zugangscode.

Konnte auch gleich mit meinem Kind skypen und mich von allen lieben Menschen in Thailand verabschieden. Morgen treffe ich mich nochmal mit Peer bei seinem Freund in dessen Restaurant, bevor ich meine Koffer packe. Der letzte Tagebucheintrag wird aus **Bangkok** kommen.

Gestern erreichte ich **Bangkok**.

Der Flug war angenehm und das Hotel ist auch in Ordnung. Mein Gepäck kam ungehindert durch die Kontrollen. Meine Angst, ich könnte Übergepäck haben, hatte sich nicht bestätigt. Das *„Suvarnhabumi Hotel"* schickte einen Shuttle der mich zum Hotel brachte.

6 Zusammenfassung der letzten Tage dieser Reise

Nach dem ich eingecheckt war und die Gegebenheiten der Hotelanlage angesehen hatte, verbrachte ich den Nachmittag am Hotelpool.

Ein lustiger Amerikaner aus Texas berichtete von seinem Aufenthalt auf den Philippinen, wo er als Polo-Profi seit zwei Monaten beritten, mit einem Stock einen Ball über ein Feld schickte. Meine Kenntnisse über diesen Sport beziehen sich auf einige wenige Informationen. Eine davon, von der ich in irgendeinem Magazin lass, besagte, dass die beiden Enkelsöhne von Queen Elisabeth auch diese Sportart betreiben würden. Er erzählte, dass er mit seinen Kameraden schon mehrmals über das Wochenende nach **Bangkok** geflogen sei.

Bei Polo handelte es sich um eine Sportart, die hauptsächlich von den Reichen und mächtigen der Welt betrieben wurde. Die Mitgliedschaft in einem Poloclub setzt voraus, dass die Nullen der Konten vor dem Komma stehen.
Als Spieler genießt man alle Vorteile, die mit Geld zu erhalten sind. So werden natürlich auch die Kosten für die Wochenenden von dem jeweiligen *„Besitzer"* der Mannschaft getragen. Schade war nur, dass der attraktive Mann bereits vergeben war, der hätte mir wirklich gefallen können.

Geboren wurde er in Mexiko. Sein Alter schätzte ich auf Ende vierzig und er war Vater zweier erwachsener Kinder.
Polo sei, laut seiner Aussage, eine der wenigen Sportarten, die man auch noch spielen könne, wenn man die Fünfzig schon überholt hatte. Der Gatte der Queen, Prinz Philipp, zelebrierte ihn noch bis vor einigen Jahren.

Die Nacht war ruhig und ich schlief seit langer Zeit ohne Ohrstöpsel. Das Frühstück wurde im sechsten Stock des Hotels serviert, zu dem auch eine sehr schöne Dachterrasse gehörte. Man überblickte **Bangkok** von allen vier Seiten.
Gestern Abend beobachtete ich die einfliegenden Maschinen zum Airport. Darunter waren auch ein paar sehr beeindruckende Vögel, die aus dem klaren Nachthimmel auf die Landebahnen zu steuerten.
Die Entfernung zum Hotel beträgt dabei nur ein paar Meter, dieses Gefühl beschlich mich jedenfalls, wenn die riesigen Maschinen am Himmel auftauchten. Im Zimmer bekam man glücklicher Weise davon nichts mit.

Zusammenfassung der letzten Tage dieser Reise

Mein **Flug nach Deutschland** verließ Thailand erst in den sehr frühen Morgenstunden. Ich musste aber bereits heute Abend gegen 21:30 Uhr am Airport sein. Damit ich nicht, wie üblich, um 12:00 Uhr auschecken musste, bezahlte ich noch einen extra Betrag, um bis 19:00 Uhr das Zimmer nutzen zu können. War zwar nicht ganz billig, aber der *stressfreie Abschluss meines Aufenthaltes in Thailand* war es mir Wert.

Den restlichen Tag nutzte ich den Pool und ließ mir am Abend noch eine letzte Massage geben.

Das vorläufig letzte Abendessen in Thailand nahm ich in einem der vielen kleinen Restaurants an der Straße vor dem Hotel ein, bevor ich mich auf den Weg zum Airport und zum Rückflug nach Deutschland auf machte.

Fazit - Thailand Rundreise, Teil 2

Mein diesjähriger Aufenthalt in Thailand unterschied sich vor allem darin, dass ich mich für ganze drei Monate im Land aufhielt.

Neue Gebiete und neue Kontakte bestärkten mich in dem Wunsch, meinen Lebensmittelpunkt von Deutschland nach Thailand zu verlegen.

Eine Unsicherheit war allerdings geblieben. Die Qual der Wahl, welcher Ort es auf Dauer sein würde.
Udon Thani hatte den Vorteil, dass dort bereits viele Menschen lebten, die ich gern hatte. Die Umgebung ist zwar nicht ganz so schön, wie die in Chiang Mai, hat aber auch ihre Reize.
Vor allem die Nähe zu Laos, das zu besuchen ich mir noch vorgenommen habe, und die Möglichkeit jeder Zeit für wenig Geld in einen Flieger zu steigen um „Ferien" zu machen, macht Udon doch sehr interessant. Finanziell macht das auch Sinn, weil es billiger ist dort zu leben, als in Chiang Mai.

Die Insel Kho Phangan wird wohl mein bevorzugter Rückzugspunkt werden, wenn mir nach Sonne, Strand und Meer ist.
Leben auf einer Insel möchte ich aber nicht.

Es gibt immer einen Grund Chiang Mai zu besuchen, wenn mein Freund Peer wieder im Lande ist, um mit ihm noch ein paar schöne Gegenden mit dem Motorrad abzufahren.
Vielleicht kommt Fabienne aus Hawaii auch mal wieder nach Thailand, die ich dann auch gerne wiedersehen würde.

Vorerst konzentriere ich mich wieder auf Deutschland.
In den kommenden zwei Jahren werde ich Thai lernen und zum Yoga Kurs gehen, mich um meine Gesundheit kümmern und sparen.

Eines ist sicher:
Thailand ist „mein" Land und wir werden uns wiedersehen.

Sonnenimpression nahe Phai

Pai Village

„Hotspring" Wasserfall

Hot Springs - zu heiß zum baden

Nachwort und Danksagung

Zu aller erst geht mein besonderer Dank an meine geliebte Tochter, ohne deren fachmännische Hilfe auch der zweite Teil meines Reisetagebuches nicht druckreif geworden wäre. Sie war mir bei allen Fragen zum Layout, der Positionierung der Fotos und *last but not least* der Gestaltung des Textes, eine unverzichtbare Hilfe.
Danke mein Kind und bussi, Mum.

Im Oktober 2015 startete ich zu meinem nächsten Aufenthalt in Thailand. Zum ersten Mal konnte ich meine Zeit frei wählen, weil ich seit dem 01. Oktober offiziell berentet war. Dieser Besuch sollte der Anfang meiner neuen Erkenntnisse sein, die ich zwischen den Jahren 2013 und 2015 gewonnen hatte. Es ergaben sich neue Aspekte, die mich dazu bewogen haben, zwischen Deutschland und Thailand halbjährig zu wechseln.

Ein kompletter Umzug und die damit verbundene Abmeldung aus Deutschland sind vorerst vom Tisch. Die Entscheidung wurde mir von meiner Familie abgenommen.

Meinem Bruder und meiner Schwägerin gehört ein Sommerhaus in einer Kleingartenkolonie, das seit dem Bau ihres Einfamilienhauses seit einigen Jahren verweist war. Sie boten mir an, das Häuschen in den Sommermonaten als Wohnadresse zu nutzen.
Ich freute mich wie ein Kind und seit April 2015 bewohne ich ein schmuckes Häuschen mit 1 ½ Zimmer, Küche, Bad und einem schönen Garten im Norden der Stadt. Ich beschloss die kalte Jahreszeit in Thailand und die warme in Deutschland zu verbringen. Dieses Arrangement ist besonders praktisch, weil ich weiterhin krankenversichert bleibe und mit einer günstigen Reiseversicherung auch in Thailand abgesichert bin. Deshalb geht mein besonderer Dank auch an meinen Bruder und meine Schwägerin, ohne deren Angebot ich diese Entscheidung nicht treffen hätte können.

Während meines Aufenthaltes in Thailand mietete ich mich wieder bei meinem guten Freund Thomas in dessen Ressort in Udon Thani ein. Zwischenzeitlich lernte ich dort viele neue Leute kennen und bekam von meinen Freunden vor Ort ebenfalls ein gutes Angebot.

Ab November 2016 miete ich ein Haus im Dörfchen **Nong Wua So**, das etwa 25 km außerhalb von Udon Thani liegt.

Ob sich in der Zukunft an dieser Entscheidung etwas ändern wird, kann ich zum jetzigen Zeitpunkt noch nicht sagen.

Liebe Leserinnen und Leser,
ich werde auch weiterhin ein Tagebuch führen und meine Erlebnisse festhalten. Ob es noch einmal zu einer gedruckten Version kommen wird kann ich noch nicht abschließend sagen.

Auf jeden Fall wird es einen Blog geben, den man über meine Homepage erreichen kann. Ich bin schon sehr gespannt auf meinen nächsten Aufenthalt in Thailand und hoffe mit neuen Erlebnissen und daraus resultierenden Geschichten auch weiterhin für gute Unterhaltung zu sorgen.

Es grüßt Sie alle mit einem herzlichen

„Sawatdii, Kha" (Gruß in Thai)

Ihre Elke Sarnowski